中华经典藏书

梁满仓 译注

人物志

中华书局

图书在版编目(CIP)数据

人物志/梁满仓译注. —北京:中华书局,2016. 1
(2025. 3 重印)
(中华经典藏书)
ISBN 978-7-101-11322-8

Ⅰ.人… Ⅱ.梁… Ⅲ.①人才学-中国-三国时代②《人物
志》-译文③《人物志》-注释 Ⅳ.C96-092

中国版本图书馆 CIP 数据核字(2015)第 252240 号

书　　名　人物志
译 注 者　梁满仓
丛 书 名　中华经典藏书
责任编辑　刘树林
装帧设计　毛　淳
责任印制　管　斌
出版发行　中华书局
　　　　　(北京市丰台区太平桥西里 38 号　100073)
　　　　　http://www.zhbc.com.cn
　　　　　E-mail:zhbc@zhbc.com.cn
印　　刷　北京中科印刷有限公司
版　　次　2016 年 1 月第 1 版
　　　　　2025 年 3 月第 9 次印刷
规　　格　开本/880×1230 毫米　1/32
　　　　　印张 6⅛　插页 2　字数 105 千字
印　　数　58001-61000 册
国际书号　ISBN 978-7-101-11322-8
定　　价　16.00 元

前　言

一

　　《人物志》是中国古代典籍名著之一。唐李德裕说："余尝览《人物志》，观其索隐精微，研几玄妙，实天下奇才。"宋人阮逸说："是书也，博而畅，辩而不肆，非众说之流也。王者得之为知人之龟鉴，士君子得之为治性修身之檃栝，其效不为小矣。予安得不序而传之！媲夫良金美玉，簏椟一启，而观者必知其宝也。"宋王三省说《人物志》："修己者得知以自观，用人者持之以照物，焉可废诸！"明代郑旻说《人物志》："事核词章，三代而下，善评人品者，莫或能逾之矣。"清人纪晓岚说："其书主于论辩人才，以外见之符，验内藏之器，分别流品，研析疑似"，"所言究悉物情，而精核近理"。在现当代，人们对《人物志》的关注程度及评价，丝毫不亚于古人。汤用彤先生说，从《人物志》中可以看出曹魏初期学术杂取儒名法道诸家的特点，"故甚具历史上之价值"。钱穆先生说："我自己很喜欢刘劭此书，认为他提出'平淡'二字，其中即有甚深修养功夫。在我年轻时读《人物志》，至'观人察质，必先察其平淡，而后求其聪明'一语，即深爱之，反复玩诵，每不忍释；至今还时时玩味此语，弥感其意味无穷。"在上世纪 30 年代，美国心理学家施赖奥克将《人物志》翻成英文，取名为《人类能力的研究》，在当时产生了很大的影响。最近几年来，市面上关于注释整理《人物志》的书籍不下三四种。上述事例表明，《人物志》是一部值得我们去关注和了解的中国古代典籍。

　　关注和了解一部著作，首先应从它的作者入手。《人物志》的作者刘劭，字孔才，广平郡邯郸（治今河北邯郸）人。建安年间，在郡府中做上计吏。在一次岁末进入京城洛阳向朝廷汇报地方政务时，上天给了他一个展示才华的机会。当时朝廷太史发出了天象预报，说正月初一将有日食发生。正月初一是朝廷举行大会之礼的日子，但根据当时制度，遇到日食应当停止举行会礼。当时在场的数十人都主张废朝却会，只有刘劭持不同意见。他说，古代著名的太史，也有计算天时错误的时候，所以圣人提出不因为异常天象而废朝礼，这是因为有时候灾异之象会自动消失，有时候太史推算错误。他主张不要因为这个预报而废却朝礼，得到了当时正在负责上计工作的尚书令荀彧的赞同。结果是会礼如期举行，日食也没有发生。

这件事以后，刘劭是否被提拔到中央朝廷任职，由于史书没有详细记载不得而知，但刘劭受到朝中权贵的重视是没有疑问的。御史大夫郗虑就曾经有过征召刘劭出来做官的想法。郗虑是曹氏的党羽，曹操忌恨孔融，郗虑就给孔融罗织罪名进行构陷。曹操欲废献帝伏皇后，郗虑就奉命率兵入宫逼杀。因此被从光禄勋提到御史大夫的位置。刘劭被这样的权势所看重，也预示着他仕途的前景光明。正在这个时候，却又发生了郗虑被免官的事。然而这件事并没有使刘劭的仕途发生逆转，不久他就被任为太子舍人，又升迁为秘书郎。任太子舍人的经历，使刘劭和太子曹丕有着密切的接触，所以当曹丕登上帝位后，先后任用他为尚书郎和散骑侍郎。曹丕去世后，其子曹叡即位，是为明帝。刘劭又先后任陈留太守、骑都尉、散骑常侍等职。不断变化的各种任职，也给他多种才能的展示提供了各种舞台。

刘劭有丰富的天文气象知识，并善于用这些知识影响当时的礼仪制度，前述关于日食与朝会关系的论述即是一例。明帝景初二年（238），朝廷欲改祀太极中和之气。刘劭不同意改祀，主张祀六宗之气。他说："万物负阴而抱阳，冲气以为和。六宗者，太极冲和之气，为六气之宗者也，《虞书》谓之六宗。"

（《通典》卷四四《礼典·吉礼》）刘劭的意见得到了众人的支持并被采纳。前一个是利用天文知识影响礼仪制度的事例，后一个则是用气象知识影响礼仪制度的事例。

刘劭熟知古代的爵位制度。他曾著有《爵制》一书，此书现已亡佚，现在我们所能看到的部分文字，记述的是秦朝二十等爵位形成和发展的历史，二十等爵位的内容等等。文中对秦朝二十等爵位的记述十分清晰具体：一爵曰公士，二爵曰上造，三爵曰簪袅，四爵曰不更，五爵曰大夫，六爵为官大夫，七爵为公大夫，八爵为公乘，九爵为五大夫，十爵为左庶长，十一爵为右庶长，十二爵为左更，十三爵为中更，十四爵为右更，十五爵为少上造，十六爵为大上造，十七爵为驷车庶长，十八爵为大庶长，十九爵为关内侯，二十爵为列侯。从书名上看，《爵制》的全部内容不应当是仅仅记述秦代爵位制度，如果此书能够完整保存下来，一定会为我们了解三国以前的爵位制度提供清晰的线索。但我们从保存下来的部分内容中，可以看出刘劭对古代爵位制度的熟知程度。

刘劭的法律知识对当时的法律制度建设也很有影响。他在《人物志》中对法家从人才分类角度进行定义，认为法家是建立法律制度使国强民富的人。从这个意义上说，刘劭也可以称为法家，因为他在曹魏的法律制度建设方面有过作为。在他任骑都尉期间，与议郎庾嶷、荀诜等人制定科令，著《新律》十八篇。此外，《隋书·经籍志》中还著录了刘劭所著的《律略论》、《法论》等书籍。

刘劭博览群书，精通儒家经典。他在任散骑侍郎时，受魏文帝诏，把五经群书分类汇辑，编成《皇览》一书。他还为儒家的经典《孝经》作过注。在他的晚年，在家专门执经讲学。《人物志》把"能传圣人之业"作为儒学家的特征，从这个角度讲，刘劭又具有儒学家的才能。

刘劭在任陈留（今河南开封）太守的时候，敦崇教化，受到百姓称赞。《人物志》中把"能受一官之任"作为伎俩之才的特征之一，从这个角度讲，刘劭又具有伎俩之才。

明帝青龙元年（233），割据辽东的公孙渊与南方的孙吴政权来往甚密，孙权派张弥、许晏等人带着珍宝从海路出使辽东，册封公孙渊为燕王。知道这个消息之后，曹魏政权有人主张出兵讨伐辽东，刘劭却反对这样做。他认为当初袁绍的儿子袁尚被打败后，投奔辽东。当时是公孙渊的父亲公孙康执政，他把袁尚斩杀，将他的首级送来。这表明公孙渊的先世是忠于曹魏政权的。再说公孙渊是否接受了孙吴的册封，还需要证实。历史上明智的做法，当边远之人不服时，要用美德征服而不使用武力。应当对公孙渊采取宽缓策略，给他以自新的机会。后来公孙渊果然像公孙康一样，杀了张弥、许晏等人，把他们的首级送来。还有一次，孙吴出兵围攻合肥。当时驻守那里的曹军正在轮番休息，兵力不足。驻守合肥的征东将军满宠一面上表朝廷，请求派兵增援，一面召集正在轮休的将士，主张待兵力集结后再对吴军发动攻击。刘劭分析这种形势说，敌兵现在正处在士气高涨的阶段，满宠如果以少于敌人的兵力发动攻击，必定不能取胜。他采取等待兵力集结后再发动攻击的做法是正确的，不会有所失。可先派遣步兵五千，精骑三千作为前锋，张扬声势。骑兵到合肥以后，疏散队形，多设旌旗鼓乐，在城下炫耀兵力，然后开到敌军后面，做出阻断他的归路，截断粮道的样子。敌人闻听支援大军来到，又见到骑兵欲断归路，必然害怕逃走，这样就可以收到不战而胜的效果。刘劭的建议被明帝采纳，而事情发展的结果也和刘劭所预料的一样。《人物志》中把"遭变用权"作为智意家的特征之一，从这个意义上说，刘劭也具有智意家的才能。

魏明帝在位的时候，刘劭还写过一些文学作品，见于记载的有《赵都赋》、《许都赋》、《洛都赋》，其中《赵都赋》深受明帝赞美。刘劭所写的三赋没有完整地流传下来，但我们仍可从《赵都赋》的一些片断领略他的文采："声曜纷纭，泽浸宇内，元正三朝，莫不来届。""北连昭余，南属呼池，西盼大陵，东结潦河。"（宋杨简《慈湖诗传》卷二十）著名史学家陈寿对刘劭的评价是"该览学籍，文质周洽"。《人物志》中把"属文著述"作为文章家的特征之一，从这个意义上说，刘劭也具有文章家的才能。

刘劭在各方面所表现出的品格和才能，在夏侯惠的推荐刘劭的表章中有精彩的概括。当时魏明帝下诏博求众贤，夏侯惠上表说："臣私下看见常侍刘劭忠心耿耿，善于思考，擅长周密的谋划，凡是他糅合古制而创立的制度，都源流宏远。所以群臣上下都取自己和他相同的地方去斟酌比量。所以诚实的人佩服他的性情平和端正，清静的人敬慕他的深沉恬静为人谦让，擅长文字之学的人欣赏他的推理详尽而缜密，谙熟法律的人知道他的判断准确没有谬误，善于思考的人了解他的思想深刻而坚定，爱好文学的人喜欢他的著论文章，制定制度的人看重他的提纲挈领简明扼要，筹划谋略的人赞美他的思想敏捷考虑精到。上面这些评论，都是这些人取与他们自己适合的长处而列举刘劭的局部小节罢了。臣屡次听到刘劭的清雅谈论，观览他的深刻议论，和他相处的时间越长，敬佩他的时间越久，实在为朝廷有这样的人才而感到惊讶。臣认为像他这样的人，应当参赞朝政大事，向陛下出谋献策，以使他和国道一起兴盛，这样的人才不是世间所常有的。"

从夏侯惠推荐刘劭的表章中我们可以看到两个信息，一个是刘劭确实有多方面的才干，另一个是他和曹魏政权的关系。刘劭历事魏武帝、文帝、明帝、齐王四朝，夏侯氏与曹氏的关系又非同一般，他对刘劭的评价如此之高，就连为《三国志》作注的裴松之也认为多溢美之词，有点过分。不过这正反映了刘劭在政治上与曹魏政权的紧密关系。明白了这一点，就可以理解在他的晚年，当司马氏开始一步步地问鼎皇帝宝座时，刘劭为什么脱离政治，专以"执经讲学"为务了。

二

唐刘知幾说："民者冥也。冥然罔知，率彼愚蒙，墙面而视。或讹音鄙句，莫究本源；或守株胶柱，动多拘忌。故应劭《风俗通》生焉。五常异禀，百行殊轨，能有兼偏，知有长短。苟随才而任使，则片善不遗；必求备而后用，则举世莫可。故刘劭《人物志》生焉。"（刘知幾《史通》卷十《内篇·杂述》）刘知幾这段话包含了这样一个意思：应劭的《风俗通》和刘劭的《人物志》，各自有着自己产生的时代背景和时代需要。那么，《人物志》所产生的时代背景和时代需要是什么呢？

刘劭所生活的汉末三国时代，是一个分裂割据的时代，一个只能谋求局部统一，然后再进一步实现全国统一的时代。在这个时代中，中央集权的朝廷土崩瓦解，地方实力派分裂割据争夺地盘。在风云际会的政治舞台上，各种人物纷纷登台表演，诸多英雄龙争虎斗各显本色。因此，这个时代的人才表现为以下几个突出的特点。

多样性特点。人才是多种多样的，这在任何时候都一样。但汉末三国特殊的社会政治环境，给各种人才展示自己的才能提供了宽阔的舞台，因此人才多样性的特点尤为突出。人才即有才能的人，按照这个说法，汉末三国时人才所表现出的才能是多种多样的。如果以人的才能类型分类：有以政治见长的，如曹操、刘备、诸葛亮、孙权等；有以军事见长的，如周瑜、陆逊、邓艾等；有以武勇见长的，如关羽、张飞、张辽、徐晃、蒋钦、甘宁等；有以智计见长的，如荀彧、郭嘉、庞统、法正、顾雍、诸葛瑾等；有以文学见长的，如王粲、孔融、应玚、陈琳、徐幹、阮瑀、刘桢等；有以儒学见长的，如郑玄、王肃、管宁、邴原等；有以思辨见长的，如何晏、王弼等；有以方术见长的，如左慈、管辂、周宣、朱建平等；有以技艺见长的，如华佗、杜夔、马钧、钟繇、蒲元等。上述各类人才，品德有高有低，能力有大有小，才干有偏有全，这一切构成了当时人才状况的多样性特点。

双向选择的特点。所谓双向选择，即指选才的当权者与被选人才之间的关系。人们常常把曹操"有事赏功能"唯才是举的选择人才标准挂在嘴边，似乎当时只有选择任用人才的一种流向。其实在当时任用人才与人才被用的选择是双向的。往往有这种情形，用人者想把对方作为自己任用的人才，而对方却不买账。例如东汉末杜袭，为避战乱客居荆州，荆州刺史刘表"待以宾礼"。而杜袭并没有把刘表当作主人。他见与他同到荆州的同郡人繁钦多次在刘表面前表现才能，便对他说："吾所以与子俱来者，徒欲龙蟠幽薮，待时凤翔。岂谓刘牧当为拨乱之主，而规长者委身哉？子若见能不已，非吾徒也。吾其与子绝矣。"在杜袭看来，他到荆州的目的只是想"龙蟠幽薮，待时凤翔"，而刘表并非拨乱之主，不是投靠的对象，最后终于离开襄阳到了长沙。尽管刘表认可了杜袭的价值，杜袭却不认可刘表，这件事表明，用人与被用要经过双方的价值认可。由于双方认可的程度不同，也产生了多种层次的关系。这种关系可分为以下四种类型：

第一种，双方价值认可度极高。例如，刘备与诸葛亮的关系就是如此。刘备三顾茅庐，把自己遇到诸葛亮比作鱼儿遇到了水，诸葛亮认为刘备不但是乃心汉室的同路人，也是使自己施展才干实现远大抱负的明主。

第二种，双方的价值认可度不对等，在一方的心目中，把对方看得很重；而在另一方看来，对方并非十分完美。《世说新语》注引《楚国先贤传》所记载的宗承与曹操父子的关系就是典型的例子：

> 宗承字世林，南阳安众人。父资，有美誉。承少而修德雅正，确然不群，征聘不就，闻德而至者如林。魏武

弱冠，屡造其门，值宾客猥积，不能得言，乃伺承起往要之，捉手请交。承拒而不纳。帝后为司空辅汉朝，乃谓承曰："卿昔不顾吾，今可为交未？"承曰："松柏之志犹存。"帝不说，以其名贤，犹敬礼之。敕文帝修子弟礼，就家拜汉中太守。武帝平冀州，从至邺，陈群等皆为之拜。帝犹以旧情介意，薄其位而优其礼，就家访以朝政，居宾客之右。

宗承正史无传，《后汉书·党锢列传》有宗慈，也是南阳安众人，宗承当与之同宗。宗承之父在当地有美誉，宗承本身也有使众人仰服的人格魅力，可见是当时的社会清流。曹操出身寒微，在当时社会地位不高，想与宗承交好，似有攀附之嫌。但仔细想来又不尽然，后来曹操成为权臣，而宗承却仍恪守当初所谓"松柏之志"，可见当初他拒绝曹操不完全是因为社会地位。据《太平御览》记载，宗承是个孝子，父亲死后，他亲自负土筑坟，不雇用旁人。从这件事看，宗承应当是个不越传统道德规范的人，而曹操自幼就表现出不按常规行事的反叛性格，可见二人的人生价值取向是有差异的。在寒微时的曹操眼里，宗承当然是个尽善尽美之人，否则不会屡造其门捉手请交。即使后来曹操腾达了，也仍然因为宗承是名贤而对其恭敬礼遇，让儿子曹丕对其修子弟之礼，并使之处宾客之右，可见曹操对宗承的价值认可度仍然不低。宗承对曹操的地位最终也接受了，曹操平冀州后宗承跟随他到了邺城就说明了这一点。然而宗承在人生价值取向上还是初衷不改，这就使得曹操仍以旧情介意，对宗承虽优其礼而薄其位，从而使二者始终保持一般的宾主关系。

第三种，双方的价值认可程度前后有所变化。汉魏之际的许攸与曹操就是如此。许攸在官渡之战前夕离开袁绍投奔曹操时，曹操用宾客之礼接待他，对他十分敬重。可以说官渡之战曹操战胜袁绍，许攸确实起了重要作用。官渡之战后，许攸的表现引起了曹操的不满，据《三国志·魏书·崔琰传》裴松之注引《魏略》记载：

> 绍破走，及后得冀州，攸有功焉。攸自恃勋劳，时与太祖相戏，每在席，不自限齐，至呼太祖小字，曰："某甲，卿不得我，不得冀州也。"太祖笑曰："汝言是也。"然内嫌之。其后从行出邺东门，顾谓左右曰："此家非得我，则不得出入此门也。"人有白者，遂见收之。

类似的事在孙吴也曾发生，吴郡人沈友，弱冠博学，多所贯综，善属文辞，兼好武事，注《孙子兵法》，是个文武兼通的才子。又能言善辩，只要他一开口，众人皆默然，莫与为对。其笔之妙，舌之妙，刀之妙，三者皆过绝于人。对于沈友，孙权以礼相聘，对其"敛容敬焉"，把他当作贵宾。而沈友也对孙权的敬重给予回报，与他"论王霸之略，当时之务"，并劝孙权兼并荆州，对孙吴的政略起过重要影响。但是最终沈友还是被孙权杀了，其原因有两个：一个是因为他"正色立朝，清议峻厉"，遭庸臣所恨，诬陷他谋反。二是孙权担心他最终不能为己所用。仅仅从第一个原因看沈友是无辜的，综合起来看恐怕就和沈友自己的表现有关了。沈友被杀约在建安二十一年（216）左右，此时孙吴政权正在走上坡路，其所依靠的对象正从以江北士人为主向吴姓大族为主转变的过程中。而沈友正是吴姓大族，如果他没有使孙权担心不为己用的表现，不会被无辜杀害。

第四种，一厢情愿的价值认可。在这种关系中，只有用人者对被用者价值的认可，而对方却心有旁骛，只是出于某种原因，表面予以接受。造成这种关系的原因有很多，有的因为情况突然变化。如东汉末年董卓之乱后，荀彧感到家乡是个四战之地，乃应同郡人冀州牧韩馥的邀请，前去投奔。等到荀彧到了冀州，冀州的主人已经换成了袁绍。袁绍对荀彧非常看重，待荀彧以上宾之礼。返回家乡已不可能，欲投奔的主人又被逼下台，荀彧只能暂时接受袁绍的宾礼。然而荀彧对袁绍并不认可，他对袁绍的评价是"外宽而内忌，任人而疑其心"，"迟重少决，失在后机"，"御军宽缓，法令不立"，"凭世资，从容饰智，以收名誉"，度量、谋略、武略、德行都不行。这虽然是荀彧离开袁绍后的评价，但在离开他以前就认为他终不能成大事，所以在维持了很短的徒有虚名的宾主关系后，便投奔了曹操。有的迫于压力。如东汉末华歆任豫章太守，孙策开拓江东，率强兵向豫章扩张。华歆知孙策善用兵，乃弃城守，幅巾相迎。孙策"亲执子弟之礼，礼为上宾"。每当孙策举行聚会时，座上莫敢先发言，只有在华歆"时起更衣"时才"议论欢哗"，江南号之曰"华独坐"。可见孙策对华歆的敬重。然而华歆内心却不甘为孙氏政权的座上宾，还在孙策进军豫章时他就表示："歆久在江表，常欲北归。孙会稽来，吾便去也。"官渡之战后，曹操以朝廷的名义征召华歆，华歆便对孙策的继承人孙权说"将军奉王命，始交好曹公，分义未固，使仆得为将军效心，岂不有益乎？今空留仆，是为养无用之物，非将军之良计也"。华歆把孙权留住自己说为"空留"，"养无用之物"，绝不仅仅是自谦，也说明华歆急于返回北方朝廷，不愿被孙氏政权所用。有的是利用主人的宾礼待遇暂时栖身。前述颍川人杜袭就是这样的例子。又如河南人郑浑，董卓之乱后带侄子郑袤避难淮南，"袁术宾礼甚厚"。郑浑知袁术必败，后来他听说好友华歆在豫章，便离开袁术投奔华歆。杜袭、郑浑只是把荆州、淮南作为暂时避难栖身之处，与刘表、袁术的主宾关系徒有虚名。有的是为了积蓄力量。最典型的是刘备与刘表的关系。刘备在受到一系列挫折之后来到荆州投奔刘表，刘表亲自郊迎，以上宾礼待之。然而刘备并不甘久居人下，在荆州广引豪杰，积蓄发展自己的力量。他拜访隐居隆中的诸葛亮时，诸葛亮对他说："荆州北据汉、沔，利尽南海，东连吴会，西通巴、蜀，此用武之国，而其主不能守，此殆天所以资将军，将军岂有意乎？"刘备对诸葛亮的规划极为称赞，从此与之情好日密，可见他在为客荆州时就已经在打荆州的主意了。

阶段性特点。以三国鼎立为界，此时期人才的阶段性，大致可分为前后两个时期。在前一个时期，天下分崩，群雄四起，战事不断，社会动荡。原有的秩序被打乱了，新的秩序正在重组，在这种重组中，人们都在寻求着自己的位置。由于人们的社会理想、政治眼光、个人修养不同，寻求自己位置的方法和道路也各异。像诸葛亮那样怀宁静之心以求致远，蓄志待时以求明主的人毕竟是少数，大多数人都急于找到施展自己才干的舞台。在这种情况下，许多人才频频改换投靠对象。例如曹操的名将张辽，先为丁原部将，后又进京依何进，何进被杀后又以兵属董卓。董卓死后又归吕布。吕布为李傕所败，又从吕布东奔徐州。曹操破吕布，张辽将其众降。又如曹操的谋士贾诩，先在董卓部下任讨虏校尉，又在董卓女婿牛辅军中任职，董卓败后，又为李傕、郭汜谋士。不久又离开李傕投段煨。由于不为段煨所重用，又离段煨投靠南阳张绣。他先劝张绣与刘表连和，不久又劝张绣投靠曹操。在这个时期，各种政治军事人才忽南忽北，忽隐忽现，忽生忽灭，表现出极大的不确定性，可以说这是一个"群雄时代"。然而东汉社会分裂的原因主要在内部，是自己内部政治经济不可调和的矛盾总爆发。这种爆发虽然有毁灭一个王朝的巨大能量，但一旦原先的矛盾得到解决或缓解，其能量也会迅速削弱，社会也会以较快的速度重新整合。因此，三国鼎立标志着社会从分裂走向局部统一。在这个时期，曹操、刘备、孙权三个英雄从群雄中出类拔萃地凸显出来，形成了三个吸引各种人才的凝聚中心。可以说这是一个"英雄时代"。与前一个时期不同，在英雄时代，人才以三个政权为中心，进行了有序流动。

人才的多样性要求人们认识承认各种人才的价值，以不拘一格地任用人才。人才选择的双向性，意味着不但用人者需要发现人才，人才也需要有自己对心目中"明主"的选择标准。

尤其是到了三国鼎立形成以后，统治者如何发现使用人才，人才如何加强自身的修养以适应当权者的需要，更是一个非常现实的问题。正是在这种社会现实的需要的背景下，才会产生《人物志》这样关于人才的系统性的理论著作。

<h2 style="text-align:center">三</h2>

《人物志》是我国古代第一部以人物为研究考察对象的专门著作。通过这部著作，刘劭系统地阐述了他的人才思想，具体说有以下几点：

第一，如何认识人才。这是关于人才观的理论探讨，它包括德与才的关系，人才表与里的关系，人才等级的划分，人的才能具有两重性等等。

品德与才干的关系，在某些政治家的社会实践中，有时把二者分离开来。如曹操就主张"唯才是举"，并下令让举荐"不仁不孝而有治国用兵之术"的人才。这当然与当时的实际需要有关，不能作为一种有普遍意义的指导理论。而作为理论阐述，刘劭在论述人的品德与才干的时候，常常把他们视为浑然一体，而不是把他们分裂开来。例如他说，"圣贤之所美，莫美乎聪明"，认为人的能力是由聪明才智所决定的。聪明是人的阴阳二气结合的精华，阴阳清纯和谐就会使人内心聪慧外表敏锐，圣人之所以光彩耀人，是因为他同时具有聪慧敏锐两种美德。刘劭所说的不是一般意义上的聪明敏锐，而是指人的最珍贵的自然本质。他把这种自然本质称为"中和"，认为它能够调谐出仁、智、忠、信、勇五种品德。"中和"本质是人的德、才、能高度的协调和统一。

刘劭又根据人才的表与里的关系，把人才分为不同的等级。他把人的精神、感情、筋腱、骨骼、气息、脸色、仪表、容貌、语言九种外在的表现概括为"九征"，把仁、义、礼、智、信概括为"五常"，指出"九征"与"五常"的关系，是表里关系，表里是否和谐以及和谐的程度，都影响着人才品第的高低。表里高度一致，达到中和的境界称作中庸，是最高品第的人才。表里大体上一致称作德行，较中庸次之。表里部分一致称作偏才，又次之。表里不和谐是人才的末流。在刘劭的人才观中，人才虽然是分成等级的，但在各个人才等级中，除了人才的末流之外，其他的刘劭全都予以关注，认为他们都是可任用的人才。他有一个重要观点，即"人材不同，能各有异"，意思说尽管人才各种各样，他们各自的能力有大有小，但都是值得去认识、发现、任用的。

在刘劭对人才的认识中，一些地方还体现了辩证法。比如在论述各类人才自身的两面性时说："刚略之人，不能理微，故其论大体，则弘博而高远；历纤理，则宕往而疏越。抗厉之人，不能回挠，论法直，则括处而公正；说变通，则否戾而不入。坚劲之人，好攻其事实，指机理，则颖灼而彻尽；涉大道，则径露而单持。辩给之人，辞烦而意锐，推人事，则精识而穷理；即大义，则恢愕而不周。浮沉之人，不能沉思，序疏数，则豁达而傲博；立事要，则熭炎而不定。浅解之人，不能深难，听辩说，则拟锷而愉悦；审精理，则掉转而无根。宽恕之人，不能速捷，论仁义，则弘详而长雅；趋时务，则迟缓而不及。温柔之人，力不休强，味道理，则顺适而和畅；拟疑难，则濡懦而不尽。好奇之人，横逸而求异，造权谲，则倜傥而瑰壮；案清道，则诡常而恢迂。"在论述人才性情的两面性时说："厉直刚毅，材在矫正，失在激讦。柔顺安恕，每在宽容，失在少决。雄悍杰健，任在胆烈，失在多忌。精良畏慎，善在恭谨，失在多疑。强楷坚劲，用在桢干，失在专固。论辩理绎，能在释结，失在流宕。普博周给，弘在覆裕，失在混浊。清介廉洁，节在俭固，失在拘扃。休动磊落，业在攀跻，失在疏越。沉静机密，精在玄微，失在迟缓。朴露径尽，质在中诚，失在不微。多智韬情，权在谲略，失在依违。"在论述争与让的关系时说:"不伐者,伐之也。不争者,争之也。让敌者,胜之也。下众者,上之也。"诸如此类的分析在其他的论述中也多有所见,不一一列举。

人才观是关于认识发现使用人才的根本指导思想和理论。在刘劭的人才观中,才德并重不可偏废的观点,广纳各方面人才不以能力大小作为弃取标准的观点,辩证地认识人才的观点,毫无疑问都是值得我们今天重视和吸取的。当然在刘劭的人才观中,也有一些牵强的东西,如用木、金、火、土、水五行来比附人体骨、筋、气、肌、血,然后再把这些与仁、义、礼、智、信加以联系,说什么"勇怯之势在于筋,强弱之植在于骨,躁静之决在于气",显然是有些穿凿附会生拉硬扯。

第二,如何发现人才。如果说如何认识人才是人才观,那么如何发现人才就是方法论。刘劭的《人物志》在这方面也作了不少有益的总结。

由表及里地发现人才。刘劭认为,人的刚柔明畅贞固的内质都有其外部显著的反映,它通过声音神色显示出来,通过性情趣味发散出来。所以反过来从人的外部表现可以发现其内在的品质。如刚毅坚强的仪容风度可以反映诚信正直的内在品质,奋进勇猛的仪容风度可以反映美善刚毅的内在品质,安逸悠闲的仪容风度可以反映平和有条理的内在品质等等。刘劭还总结出"八观"的方法:1. 观其夺救以明间杂。2. 观其感变以审常度。3. 观其志质以知其名。4. 观其所由以辨依似。5. 观其爱敬以知通塞。6. 观其情机以辨恕惑。7. 观其所短以知其长。8. 观其聪明以知所达。这八个具体方法,都体现了由表及里的考察原则。

通过全面长期的观察发现人才。刘劭说:"欲观其一隅,则终朝足以识之。将究其详,则三日而后足。何谓三日而后足?夫国体之人兼有三材,故谈不三日不足以尽之。一以论道德,二以论法制,三以论策术,然后乃能竭其所长,而举之不疑。"

这里的"一隅"、"三材"、"终朝"、"三日",似乎不能单纯地理解为"一个方面"、"三种才能"、"一个早晨"、"三个整天",而是片面和全面,短期和长期的关系。

避免在考察人才时所发生的失误。刘劭在《七缪》一章中指出了考察人才时容易产生的七种谬误:1. 察誉有偏颇之缪。2. 接物有爱恶之惑。3. 度心有大小之误。4. 品质有早晚之疑。5. 变类有同体之嫌。6. 论材有申压之诡。7. 观奇有二尤之失。指出"七缪"的同时,又提出一系列避免的方法:1. 认识一个人不能只凭众人对他怎样评价。2. 不要只凭自己的好恶。3. 不要对人全面地肯定或否定。4. 用发展的眼光看待一个人。5. 认识同类人之间关系的复杂性。6. 不能忽视一个人所处的具体环境。7. 考察人才既不能主观臆断独断专行,也不能人云亦云没有自己的主张。这些总结对于考察发现人才是有实践的指导意义的。

第三,如何使用人才。在《流业》一章中,刘劭指出清节家、法家、术家、国体、器能、臧否、伎俩、智意、文章、儒学、口辩、雄杰都是人才。在《材能》一章中,刘劭又指出,担任高级职务的是人才,担任低级职务的也是人才。这就是说,人才是各种各样的,人才的能力也有大有小。人才既然类型不同,能力大小各异,因此把他们放在合适的位置上,才能使他们的能力充分发挥出来,从而给国家的治理带来好处。如果把他们放错位置,就是使用人才不当,会给国家带来灾难。他还举出一系列例子,例如实行威慑刚猛政治的人适合讨伐叛乱,让他们治理善良的百姓,就会对百姓残暴不仁。君主的职责是发现人才,把他们放到适当的位置,以使他们的才能得到充分发挥,从而使国家得到有效的治理。这些论述体现了刘劭"量才用人"的思想。

四

《人物志》作为一部系统地阐述人才理论的典籍,在我国古代史上产生过很大影响。正因为如此，在《人物志》问世后，北魏人刘昞便为此书作注。此后又出现了各种各样的版本，至今我们可以看到的基本是明清时期的版本，主要有：嘉靖顾定芳刻本、隆庆梁梦龙刻本、《汉魏丛书》本、《广汉魏丛书》本、《两京遗编》本、《快阁藏书》本、《增订汉魏六朝别解》本、《四库全书》本、《墨海金壶》本、《守山阁丛书》本、《畿辅丛书》本、《玉尺山房术数奇书》本、《玲珑山馆丛书》本、《龙谿精舍丛书》本、《四部丛刊》本、《四部备要》本。本次注释翻译此书，参阅了部分版本和今人的成果。最后还要说一下对刘昞注的处理问题，本书没有把它放在正文里，只是在注释中对一些有益于理解《人物志》原文的文字加以部分采用。之所以这样处理，主要考虑到刘昞注《人物志》与裴松之注《三国志》有极大的不同。前者只是对文意的理解注释，并非密不可分；后者则补充了大量的《三国志》所没有采用的资料，与《三国志》融为一体。这样处理当否？还请方家教正。

作　者

2015 年 10 月

目　录

原　序

　　序言是一本书的开篇，大凡作序，往往有两种情况。一种是别人为本书作序，一种是自己为自己作序。前者大多偏重对本书的介绍和评价。例如宋代阮逸为《人物志》所作之序说："是书也，博而畅，辩而不肆，非众说之流也。王者得之为知人之龟鉴，士君子得之为治性修身之檃栝，其效不为小矣。予安得不序而传之！媲夫良金美玉，籝椟一启，而观者必知其宝也。"后者则不同，它一般介绍该书的主要内容及写作动机。《人物志》的原序就是如此。刘劭在序言中，论述了人才与事业成功的关系、贤君明主对人才的重视、孔子对人才的考察方法，最后指出，该书写作的目的，是依照圣人的准则，论述识别人才、使用人才的理论和方法，以此来补缀前贤在这方面的疏漏和遗缺。

夫圣贤之所美^①，莫美乎聪明^②；聪明之所贵^③，莫贵乎知人。知人诚智^④，则众材得其序^⑤，而庶绩之业兴矣^⑥。

【注释】

①美：认为……好。

②聪明：明察事理。唐张守节在解释《史记》中记载黄帝“成而聪明”时说：“聪明，闻见明辩也。”

③贵：重要。《孟子·尽心下》：“民为贵，社稷次之，君为轻。”

④诚：如果。

⑤材：指人才。序：顺序，次序。

⑥庶绩：各种事功。庶，众多。绩，事功。《尚书·尧典》：“允厘百工，庶绩咸熙。”孔安国传：“绩，功也；言众功皆广。”

【译文】

圣人贤者认为人的资质中，没有比聪明更好的；在聪明资质中，没有比能够辨识人才更重要的。如果能够用聪明智慧来辨识人才，那么众多的人才就能够排列出上下高低的次序，各种事业就会兴旺了。

是以圣人著爻象则立君子小人之辞^①，叙《诗》志则别风俗雅正之业^②，制礼乐则考六艺祗庸之德^③，躬南面则援俊逸辅相之材^④，皆所以达众善而成天功也^⑤。天功既成，则并受名誉^⑥。是以尧以克明俊德为称⑦，舜以登庸二八为功⑧，汤以拔有莘之贤为名⑨，文王以举渭滨之叟为贵⑩。

【注释】

①爻象：《周易》中的爻辞和象辞。《周易》中以"—"表示阳爻，以"– –"表示阴爻，爻有爻辞，如：乾卦中初九爻之辞是"潜龙，勿用"，九五爻之辞是"飞龙在天，利见大人"等等。每六爻组成卦象，象辞用来解释卦象，如乾卦的象辞有"天行健，君子以自强不息"之语。后爻象用来泛指《易传》。君子小人之辞：指爻辞和象辞中有关"君子"和"小人"的论述。如坤卦中有"君子以厚德载物"，师卦中有"小人勿用"等。

②《诗》：即《诗经》，是我国有记载的最早的一部诗歌总集。志：诗中所抒发的意志和感情。《毛诗序》："诗者，志之所之也。在心为志，发言为诗。"风俗雅正：指《诗经》中所含的风、雅、颂三种不同风格的诗。风即当时各国的民歌，雅即周王朝的乐曲《大雅》、《小雅》，颂即商周时代宗庙祭祀的乐歌。《诗经》为孔子所删定，风、雅、颂之分也反映了孔子心目中的次序。

③六艺：一指古代儒家教育的六个内容，即礼、乐、射、驭、书、数。二指儒家的六种典籍，即《诗经》、《尚书》、《礼经》、《乐经》、《易经》、《春秋》。《汉书·艺文志》：六艺之文，"《乐》以和神，仁之

表也;《诗》以正言,义之用也;《礼》以明体,明者著见,故无训也;《书》以广听,知之术也;《春秋》以断事,信之符也。五者,盖五常之道,相须而备,而《易》为之原"。祗庸:恭敬恒常。郑玄注《周礼·春官·大司乐》中的"祗"、"庸"说:"祗,敬;庸,有常也。"

④南面:指帝王之位。古代帝王理政皆坐北朝南,故言。援:拔举,提拔。俊逸:超群拔俗。晋葛洪《抱朴子·穷达》:"俊逸縶滞,其有憾乎?"

⑤达:推举,推荐。《礼记·儒行》:"推贤而进达之。"天功:帝王的功业。

⑥并:合,一起。

⑦尧:相传为上古帝王,帝喾之子,祁姓,名放勋。原封于唐,故称陶唐氏。在位期间设官分职,制定历法,并派人治理洪水。晚年禅位于舜。克:能够。明:认识,辨识。俊德:才能超群、品德高尚的人。

⑧舜:相传为上古帝王,尧的接班人。姚姓,名重华,号有虞氏,又称虞舜。在位期间巡行四方,诛除"四凶",任禹、后稷、契、皋陶等人分掌政事。年老后举荐治水有功的禹为接班人。登庸:举进,任用。二八:指八恺、八元。《左传·文公十八年》记载,高阳氏时有八个才德兼备的人,即苍舒、隤敳、梼戭、大临、尨降、庭坚、仲容、叔达,此八人即为八恺。高辛氏时有八个才德兼备的人,即伯奋、

仲堪、叔献、季仲、伯虎、仲熊、叔豹、季狸。舜曾举用"八恺"管理土地、执掌农业、处理各种事务，任用"八元"负责掌管礼义教化。

⑨汤：商朝第一位王，又称成汤、武汤、武王、太乙、天乙。名履，主癸之子。定居于亳，用伊尹、仲虺为辅佐，接连攻灭韦、顾、昆吾等夏朝属国，又在鸣条打败夏桀，推翻夏朝，建立商朝。有莘之贤：即伊尹。有莘为古国名，在今山东曹县西北。成汤娶有莘氏之女，伊尹当时在有莘国为奴，作为陪嫁之臣进入商国，后被成汤发现重用，为灭夏建商出谋划策，建立大功。

⑩文王：即周文王，姬姓，名昌，王季之子，武王之父，又称周侯、西伯、姬伯。原为商朝诸侯，被封西伯。在位敬老爱幼，礼贤下士。曾被商纣王囚禁于羑里，归周后得到诸侯拥护，伐犬戎、密须，灭崇国、黎国，使周强大起来，形成"三分天下有其二，以服事殷"的局面。渭滨之叟：即吕望，又称太公望、吕尚、师尚父。俗称姜太公、姜子牙。姜姓，吕氏，名尚，字子牙，周文王遇之于渭水之阳，说："吾太公望子久矣。"帮助武王伐纣，是西周的开国大臣。灭商后被封于营丘，为齐国的开国之君。

【译文】

所以圣贤为《周易》作注解的时候，文字中就有了君子与小人的不同；在修订《诗经》的时候，就已经对《风》、

《雅》、《颂》不同风格的诗篇作了分别；在制定礼乐制度的时候，就通过礼、乐、射、驭、书、数等方面来考察人的恭敬守常的品德；身居帝王之位的时候，就选拔超群脱俗有辅佐才能的人；这些都是拔举众多优秀人才，完成帝业的事例啊。帝业建成后，明君和贤臣就一起享受盛名和美誉了。所以唐尧因能够辨识才能出群品德高尚的人而著称，虞舜因任用八恺八元而取得成效，商汤因为提拔任用伊尹而出名，周文王因为举用吕望而被尊崇。

由此论之，圣人兴德①，孰不劳聪明于求人②，获安逸于任使者哉！是故仲尼不试③，无所援升④，犹序门人以为四科⑤，泛论众材以辨三等⑥。又叹中庸⑦，以殊圣人之德，尚德以劝庶几之论⑧，训六蔽以戒偏材之失⑨，思狂狷以通拘抗之材⑩，疾悾悾而无信⑪，以明为似之难保⑫。又曰察其所安，观其所由⑬，以知居止之行。

【注释】

①兴德：成就化育万物的德政。兴，成就。德，古代特指天地化育万物的功能。《周易·乾》："夫大人者，与天地合其德，与日月合其明。"姚配中注："化育万物谓之德，照临四方谓之明。"

②求人：寻求人才。

③仲尼：即孔子，名丘，字仲尼。不试：不被任用。孔子曾周游列国，希望被国君任用，以实现自己的

政治主张，但始终没能如愿。

④援升：提拔任用。

⑤四科：指德行、言语、政事、文学四类。孔子曾把他的得意弟子归为四类：颜渊、闵子骞、冉伯牛、仲弓为德行类；宰我、子贡为言语类；冉有、季路为政事类；子游、子夏为文学类。见《论语·先进》。

⑥三等：孔子曾把众人分为三个等级："生而知之者，上也；学而知之者，次也；困而学之，又其次也。"见《论语·季氏》。

⑦中庸：孔子的政治、哲学主张，即待人、处事不偏不倚，无过无不及，守常不变。《论语·雍也》："中庸之为德也，其至矣乎。"何晏《集解》："庸，常也，中和可常行之道。"

⑧庶几：差不多，近似。《周易·系辞下》："颜氏之子，其殆庶几乎？"意为颜渊这个子弟，差不多是个贤人了吧！

⑨六弊：因不好学而造成的人的品德上的六种偏弊。《论语·阳货》："子曰：'由也，女闻六言、六蔽矣乎……好仁不好学，其蔽也愚；好知不好学，其蔽也荡；好信不好学，其蔽也贼；好直不好学，其蔽也绞；好勇不好学，其蔽也乱；好刚不好学，其蔽也狂。'"意为，爱仁德不爱学习容易被人愚弄，爱耍聪明不爱学习容易放荡浮躁，爱诚信不爱学习容易被人利用于己有害，直率而不爱学习容易说话尖刻伤人，逞勇敢而不爱学习容易闯祸，刚强而不爱

学习容易胆大妄为。

⑩狂狷：指志向高远富于进取的人与洁身自守拘谨无为的人。《论语·子路》："子曰：'不得中行而与之，必也狂狷乎！狂者进取，狷者有所不为也。'"何晏《集解》引包咸曰："中行，行能得其中者，言不得中行则欲得狂狷者。狂者，进取于善道。狷者，守节无为。欲得此二人者，以时多进退，取其恒一。"拘抗之材：拘谨和奋发的人才，与前狂狷同义。

⑪疾：痛恨，厌恶。悾悾而无信：貌似诚恳而不讲信用。《论语·泰伯》："狂而不直，侗而不愿，悾悾而不信，吾不知之矣。"邢昺疏："悾悾，悫也。谨悫之人宜信而乃不信。"悾悾，诚恳的样子。

⑫为：通"伪"。

⑬察其所安，观其所由：《论语·为政》："子曰：'视其所以，观其所由，察其所安。'"意思是考察他所交结的朋友，观察他的行为，了解他的内心。

【译文】

根据这些史实可以说，圣人成就化育万物的德政，有哪个不是运用自己的聪明去寻求发现人才，并且任用他们从而使自己获得安逸呢！所以孔子不能实现自己的政治理想，不被各诸侯国提拔任用，但他仍旧用德行、言语、政事、文学四科来给自己的学生分类，用生而知之、学而知之和困而知之三等来广泛地评论天下众人。又赞叹不偏不倚守常不变的中庸原则，来突出圣人的品德，用对颜渊的褒赞来鼓励人们崇尚道德，用六弊的训诫来使人们避免才能畸形发展所带来的弊病，希望得到志向高远富于进取的人和洁身自守拘谨不做坏事的人以使他们的才能得以发挥，痛恨那些貌似诚恳却不守信用的人和行为，以此向世人说明伪装是难以持久的。孔子又说认识一个人要观察他的行为，了解他的内心，就知道他真实的举止行动了。

人物之察也，如此其详①。是以敢依圣训，志序人物②，庶以补缀遗忘③，惟博识君子裁览其义焉④。

【注释】

①详：审慎。

②志：记录。

③庶：希望。

④惟：愿，希望。

【译文】

对人才的考察，应当这样的审慎。所以我斗胆依照圣人的准则，记述辨识人才使用人才的理论和方法，希望以此来补缀前贤在这方面的疏漏和遗缺，愿博学高识的君子裁决浏览其中的意思。

卷　上

九征第一

　　征，即指外在表现。九征，指人的九种性情的外在表现，这就是精神、感情、筋腱、骨骼、气息、脸色、仪表、容貌、语言。这九种表现是由人的内在本质所决定的，这就是仁、义、礼、智、信，也就是人们所说的"五常"。"九征"与"五常"的关系，是表里关系，表里是否和谐以及和谐的程度，都影响着人才品第的高低。表里高度一致，达到中和的境界称作中庸，是最高品第的人才。表里大体上一致称作德行，较中庸次之。表里部分一致称作偏才，又次之。表里不和谐是人才的末流，不受作者的关注。

盖人物之本①，出乎情性②。情性之理③，甚微而玄，非圣人之察，其孰能究之哉④！凡有血气者，莫不含元一以为质⑤，禀阴阳以立性⑥，体五行而著形⑦。苟有形质⑧，犹可即而求之。

【注释】

①本：人的内在的最根本的资质。刘昞在注释"人物之本，出乎情性"时说："性质禀之自然，情变由于染习"，所说的"自然"即人天生的最根本的资质。

②情性：思想和性情。

③理：道理。

④究：弄清楚，弄明白。

⑤元一：事物最本源最初始的状态。此处专指人的本质。刘昞在注释"莫不含元一以为质"这句话时说："质不至则不能涉寒暑，历四时。"意思说，人的最初始的生理状态没有发展到最完善的时候，就不能度过严寒酷暑，经历春夏秋冬。

⑥禀：承受。阴阳：中国古代哲学的一对范畴，即万物中皆存在的对立统一相反相成的物质。此处专指人所具有的阴阳二气。刘昞在注释"禀阴阳以立性"时说："性资于阴阳，故刚柔之意别矣。"意思说，人的性格有刚强和柔弱的不同，是由于阴阳二气的强弱不同。

⑦体：依据，效法。五行：水、火、木、金、土。中国古代哲学认为世界各种物质是由金、木、水、

火、土五种元素构成的，并以此说明宇宙万物的
起源和变化。《孔子家语·五帝》："天有五行，水、
火、金、木、土，分时化育，以成万物。"形：指
人的形体。

⑧苟：只要。

【译文】

人内在的最根本的资质，是通过他的思想和性情表现
出来的。关于思想和性情的道理，是非常微妙和玄远的，
如果不是古代圣贤的考察和研究，谁又能够把它们弄明白
呢！凡是有生命的物体，没有不包含最根本最初始状态的
性质的，他们秉承着阴阳形成个性，依据五行而成就形体。
只要是有形体的生命物体，就可以根据形体去探求他们的
本质。

凡人之质量，中和最贵矣①。中和之质，必平
淡无味，故能调成五材②，变化应节③。是故观人察
质，必先察其平淡，而后求其聪明。聪明者阴阳之
精，阴阳清和则中睿外明④，圣人淳耀⑤，能兼二
美。知微知章⑥，自非圣人莫能两遂⑦。故明白之
士⑧，达动之机而暗于玄虑⑨，玄虑之人，识静之
原而困于速捷，犹火日外照不能内见，金水内映不
能外光。二者之义，盖阴阳之别也。若量其材质⑩，
稽诸五物⑪，五物之征亦各著于厥体矣。

①中和：中庸之道的主要内涵。儒家认为能"致中和"，则天地万物均能各得其所，达于和谐境界。《中庸》："喜怒哀乐之未发谓之中，发而皆中节谓之和；中也者，天下之大本也，和也者，天下之达道也。致中和，天地位焉，万物育焉。"

②五材：人的忠、智、仁、信、勇五种品德。

③应节：迎合节拍。此处指适应社会的需要。

④中睿外明：内心聪慧外表敏锐。睿，聪明。明，敏锐。

⑤淳耀：光明。

⑥章：明显，显著。

⑦两遂：两种都能实现。刘昺在解释这句话时说："耳目兼察，通幽达微，官材授方，举无遗失。"可见"两遂"指的是耳聪目明，知微知著。

⑧明白：机敏。

⑨玄虑：深思熟虑。

⑩量：衡量，评价。

⑪稽：考察。五物：指金、木、水、火、土五种物质。

【译文】

　　人的资质和能力中，各种情绪的表现与外界环境和谐一致可谓中和，而中和是最珍贵的。中和这种素质，必然是平淡无味的，因其平淡无味所以能够调谐出仁、智、忠、信、勇五种品德，并不断变化以适应社会需要。所以观察一个人考察他的素质，必然先要考察他是否有平淡的素质，然后才寻求他的聪明。聪明是人的阴阳二气结合的精华，阴阳清纯和谐就会使人内心聪慧外表敏锐，圣人之所以光彩耀人，是因为他同时具有聪慧敏锐两种美德。既能明察细微又能洞悉宏观，除非圣人没有人能同时做到这两点。所以反应机敏的人，能够抓住行动的机会却不能做到深思熟虑，深思熟虑的人能够静思事物的源头却不善于快速敏捷地行动，就好像火焰和太阳的光芒能照耀外物但不能映出自身的形象，金属和水面能映出外物的形象但不能对外放出光芒。两种东西之所以不同，就在于有阴阳的区别。如果衡量人的才能和资质，以金木水火土五种物质对照进行考察，那么五种物质的特征也就显著地存在于他的身上了。

其在体也，木骨、金筋、火气、土肌、水血五物之象也①。五物之实，各有所济②，是故骨植而柔者谓之弘毅③，弘毅也者，仁之质也。气清而朗者谓之文理④，文理也者，礼之本也。体端而实者谓之贞固⑤，贞固也者，信之基也。筋劲而精者谓之勇敢⑥，勇敢也者，义之决也⑦。色平而畅者谓之通微⑧，通微也者，智之原也。五质恒性，故谓之五常矣⑨。

【注释】

①象：现象，表象。

②济：成就。

③植：直。弘毅：宽宏坚毅，抱负远大，意志坚强。

《论语·泰伯》:"士不可以不弘毅,任重而道远。"朱熹《集注》:"弘,宽广也;毅,强忍也。非弘不能胜其重,非毅无以致其远。"

④文理:礼仪。《荀子·礼论》:"文理繁,情用省,是礼之隆也。文理省,情用繁,是礼之杀也。"

⑤贞固:守持正道,坚定不移。《周易·乾》:"文言曰:'贞者,事之干也……贞固足以干事。'"孔颖达疏:"言君子能坚固贞正,令物得成,使事皆干济,此法天之贞也。"高亨注:"贞固,正而坚,即坚持正道。干是动词,主持,主办。"

⑥筋劲而精者谓之勇敢:筋腱强劲而精干叫做勇敢。《庄子·徐无鬼》:"筋力之士矜难,勇敢之士奋患。"说明筋力之士和勇敢之士的关系。

⑦勇敢也者,义之决也:勇敢就像是金属截断物品一样果断。刘昞对这句话的注释说:"金能断割,为义之决。决不勇敢,不能成义。"因为刘劭认为筋腱属金,筋腱强劲就能勇敢决断。

⑧通微:通晓、洞察细微的事物。

⑨五常:五种恒常不变的东西。刘昞在注释"五质恒性,故谓之五常矣"时说:"五物,天地之常气;五德,人物之常行。"可见此五常之构成万物的金木水火土五种物质,构成人的仁、义、礼、智、信的五种品德。

【译文】

对人体来说,骨骼是与外界木相对应的物象,筋腱是与金相对应的物象，气息是与火相对应的物象，肌肉是与土相对应的物象，血脉是与水相对应的物象。五种物质所对应的实际物象，各自有其成就人的品质的作用，所以骨骼挺拔又柔韧的可以称为有远大抱负意志坚强的人，抱负远大意志坚强，这是"仁"的资质。气息清纯而又明朗的可以称为礼仪之人，礼仪，这是"礼"的根本。形体端正而又坚实的可以称为守持正道坚定不移的人，守持正道坚定不移，这是"信"的根基。筋腱强劲而精干的可以称为勇敢之人，勇敢，这是果断地行"义"的前提。血色平和而又通畅的可以称为通晓事物洞察细微之人，通晓事物洞察细微，这是"智"的本源。外界的和人体的五种物质都具有恒常不变的特性，所以称它们为五常。

五常之别，列为五德①。是故温直而扰毅②，木之德也。刚塞而弘毅③，金之德也。愿恭而理敬④，水之德也。宽栗而柔立⑤，土之德也。简畅而明砭⑥，火之德也。虽体变无穷，犹依乎五质。

【注释】

①五德：此指下文所述的五种品德。

②温直：温和而正直。《尚书·皋陶谟》："直而温。"孔安国传："行正直而气温和。"扰毅：和顺坚毅。《尚书·皋陶谟》："扰而毅。"孔安国传："扰，顺也。致果为毅。"

③刚塞：刚健笃实。《尚书·皋陶谟》："刚而塞。"孔

安国传："刚断而实塞。"实塞，笃实。

④愿恭：忠厚诚实恭敬庄重。《尚书·皋陶谟》："愿而恭。"孔安国传："愨愿而恭恪。"理敬：有治理才能而又谨慎恭敬。《尚书·皋陶谟》："乱而敬。"孔安国传："乱，治也。有治而能谨敬。"

⑤宽栗：宽宏大量而又小心谨慎。《尚书·皋陶谟》："宽而栗。"孔安国传："性宽宏而能庄栗。"柔立：温柔而有办事能力。《尚书·皋陶谟》："柔而立。"孔安国传："和柔而能立事。"

⑥简畅：爽快刚直，简约流畅。《尚书·皋陶谟》："简而畅。"孔安国传："性简大而有廉隅。"廉隅，棱角。明砭：明于事理又善于劝谏。

【译文】

根据五常的区别，可以分列出五种品德。所以温和正直而和顺坚毅，是"木"的品德。刚健笃实而宽宏坚毅，是"金"的品德。忠厚诚实恭敬庄重而有治理才能且谨慎恭敬，是"水"的品德。宽宏大量小心谨慎而又温柔有办事能力，是"土"的品德。爽快刚直简约流畅而又明于事理善于劝谏，是"火"的品德。虽然人的品德和性情变化无穷，但其变化仍以五物的品质为依据。

故其刚柔明畅贞固之征著乎形容①，见乎声色②，发乎情味，各如其象。故心质亮直③，其仪劲固；心质休决④，其仪进猛；心质平理⑤，其仪安闲。夫仪动成容⑥，各有态度：直容之动⑦，矫矫行行⑧；

休容之动⑨，业业跄跄⑩；德容之动⑪，颙颙卬卬⑫。

【注释】

①形容：形体容貌，外部表现。

②见："现"的古字，表现。

③亮直：诚信正直。亮，通"谅"，作"诚信"解。

④休决：美善而刚毅。休，美好。

⑤平理：平和有条理。

⑥容：外部表现。

⑦直容：正直之人的外部表现。

⑧矫矫行行：勇武刚强的样子。矫矫，勇武貌。《诗经·鲁颂·泮水》："矫矫虎臣，在泮献馘。"郑玄笺："矫矫，武貌。"行行，刚强负气貌。《论语·先进》："子路，行行如也；冉有、子贡，侃侃如也。子乐。"何晏《集解》："郑曰：'乐各尽其性，行行，刚强之貌。'"

⑨休容：温和之人的外部表现。

⑩业业跄跄：心怀危惧小心谨慎。业业，危惧貌。《尚书·皋陶谟》："兢兢业业，一日二日万机。"孔安国传："业业，危惧。"跄跄，形容走路有节奏的样子。《诗经·小雅·楚茨》："济济跄跄，絜尔牛羊。"高亨注："跄跄，步趋有节貌。"

⑪德容：品德高尚之人的外部表现。

⑫颙颙（yóng）卬卬：肃穆轩昂的样子。

【译文】

所以刚柔明畅贞固的内质都有其外部显著的反映，从声音神色显示出来，从性情趣味发散出来，各自与其外在的表现一致。所以内在品质诚信正直，他的风度仪容就坚毅刚强；内在品质美善刚毅，他的仪容风度就奋进勇猛；内在品质平和有条理，他的仪容风度就安逸悠闲。仪容风度的外部表现，各自有不同的姿态风度：正直之人表现出来的样子，是武勇刚强的；温和之人表现出来的样子，是心怀危惧小心谨慎的；品德高尚之人表现出来的样子，是肃穆轩昂的。

夫容之动作发乎心气①，心气之征，则声变是也②。夫气合成声，声应律吕③。有和平之声，有清畅之声，有回衍之声④。夫声畅于气则实存貌色⑤，故诚仁必有温柔之色，诚勇必有矜奋之色⑥，诚智必有明达之色。夫色见于貌所谓征神⑦，征神见貌则情发于目，故仁目之精⑧，悫然以端⑨；勇胆之精，晔然以强⑩。然皆偏至之材⑪，以胜体为质者也⑫，故胜质不精则其事不遂。是故直而不柔则木⑬，劲而不精则力⑭，固而不端则愚，气而不清则越⑮，畅而不平则荡⑯。是故中庸之质，异于此类。五常既备，包以澹味。五质内充，五精外章⑰，是以目彩五晖之光也⑱。故曰物生有形，形有神精。能知精神，则穷理尽性⑲。

【注释】

①动作：动起来。《论语·先进》："舍瑟而作。"刘宝楠《正义》："作，起也。"

②声变：随着心气而变化的声音。刘昺在解释"心气之征，则声变是也"时说："心不系一，声和乃变"，即指声音随着心气变化。

③律吕：古代校正乐律的律管，十二支，因有不同的长度而产生不同的音高。从低音管算起，依次为黄钟、大吕、太簇、夹钟、姑洗、仲吕、蕤宾、林钟、夷则、南吕、无射、应钟。其中黄钟、太簇、姑洗、蕤宾、夷则、无射为阳律；大吕、夹钟、仲吕、林钟、南吕、应钟为阴律。六阳律称谓六律，六阴律称为六吕。

④回衍：回旋伸展。

⑤貌色：容貌。

⑥矜奋：武勇果敢。

⑦征神：反映人的内心世界的神态、表情等。刘昺注释这句话时说："貌色徐疾为神之征验。"即容貌是心神的反映。

⑧精：通"睛"。此指眼神。

⑨愨（què）然：诚实谨慎的样子。

⑩晔（yè）然：光亮的样子。

⑪偏至之材：即偏才。

⑫胜体为质：让形体承担反映内质的任务。刘昺在解释这句话时说："未能不怒而威，不厉而严。"

⑬木：质朴，木讷。

⑭力：倔强。

⑮越：散失，飘散。

⑯荡：飘荡消失。刘昞在注释"畅而不平则荡"时说："好智无涯，荡然失纪。"意思说没有边际地任用智力，就会荡然无存。

⑰五精：指仁、义、礼、智、信五种精神表现。外章：外露。

⑱五晖：五彩的光辉。此指多种表达的目光神情。

⑲穷理尽性：把道理和性情研究到家了。穷和尽都是终端、到头的意思。

【译文】

人的外在表现的产生是由内部的心气而发的，是心气变化的表征，又是声音的变化。心气与声音相合，声音和乐音一样也可分为六律和六吕。有温和平缓的声音，有清纯流畅的声音，有回旋深长的声音。声音在气息中流畅而其内在的本质体现在容貌之中，所以真正的仁爱必然显现出温柔的神色，真正的勇敢必然显现出武勇果敢的神色，真正的智慧必然显现出明澈通达的神色。容貌出现了这些神色就是人们所说的征神，征神出现在容貌上而其神情则从眼睛中表现出来，所以闪耀仁慈目光的眼睛，是诚实谨慎端正无邪的；反映勇气胆量的眼睛，是光亮强劲的。然而这些都是偏才，是让形体承担反映内质的任务，所以完美的内质不能精确反映，因此事情也不能如愿。所以耿直而不兼具柔和则表现为质朴木讷，刚劲而不兼具精干则表现为倔强，固执而不兼具端正则表现为愚憨，心气而不清纯则会飘扬四散，声音流畅而不平和则会飘荡消失。所以处事不偏不倚守常不变的资质，是和上述所说不同的。仁义礼智信五常的资质已经具备，外部用平淡来包装。五常的资质充实于内，五种精神表现在外，所以目光神情发出五彩的光辉。所以说万物生来有它的形体，形体也有它的精神。能够深刻地了解精神，就把其中的道理和性情研究到家了。

性之所尽，九质之征也①。然则平陂之质在于神②，明暗之实在于精③，勇怯之势在于筋，强弱之植在于骨④，躁静之决在于气，惨怿之情在于色⑤，衰正之形在于仪，态度之动在于容⑥，缓急之状在于言。其为人也，质素平淡，中睿外朗，筋劲植固，声清色怿，仪正容直，则九征皆至，则纯粹之德也。

【注释】

① 九质：即下文所说的神、精、筋、骨、气、色、仪、容、言。

② 陂（bì）：倾斜，不平。《周易·泰》：“无平不陂，无往不复。”孔颖达疏：“路有倾危，是平路之将陂也。”

③ 精：通“情”，感情。

④ 植：木柱。《墨子·备城门》：“城上百步一楼，楼四植，植皆为通舄。”孙诒让《间诂》：“苏云：‘四植

即四柱。'"引申为支柱。

⑤惨：悲伤。怿（yì）：喜悦。

⑥态度：举止神情。《荀子·修身》："容貌、态度、进退、趋行，由礼则雅，不由礼则夷固僻违，庸众而野。"

【译文】

概括全部人的性情，有神、精、筋、骨、气、色、仪、容、言九种表现。这就是平正与邪歪的本质存在于精神，明慧与愚蠢的实质存在于感情，勇敢与怯懦的态势存在于筋腱，强弱的支柱存在于骨架，暴躁与平静的关键存在于气息，悲伤与喜悦的情绪存在于脸色，衰怠与端正的形态存在于仪表，举止神情的活动存在于容貌，和缓与急切的状态存在于语言。一个人，内质纯洁平和淡泊，内心聪慧外表清朗，筋腱挺拔强固，声音清纯神色喜悦，仪表端正容貌庄重，这样九征全都具备了，道德就精纯完美了。

九征有违则偏杂之材也。三度不同①，其德异称。故偏至之材，以材自名②；兼材之人，以德为目；兼德之人，更为美号③。是故兼德而至，谓之中庸。中庸也者，圣人之目也。具体而微④，谓之德行。德行也者，大雅之称也。一至谓之偏材⑤，偏材，小雅之质也⑥。一征谓之依似⑦，依似，乱德之类也。一至一违谓之间杂⑧，间杂，无恒之人也⑨。无恒依似，皆风人末流⑩。末流之质，不可胜论，是以略而不概也⑪。

【注释】

① 三度：指偏才、兼才、兼德三种人才德才比例的不同程度。刘昺在解释"三度不同"时说："偏才荷一至之名，兼才居德仪之目，兼德体中庸之度。"意思说偏才只在一种才能上比较完善，兼才有道德表率的作用，兼德体现了中庸的深度。

② 以材自名：以某一方面的才能命名。刘昺在解释"以材自名"时说："犹百工众伎，各有其名也。"意思说，就好像有纺织技艺的人叫织匠，善于冶炼的人叫金匠等等。

③ 更为美号：以抽象的"美"来称之。刘昺在解释"更为美号"时说："道不可以一体说，德不可以一方待，育物而不为仁，齐众形而不为德，凝然平淡，与物无际，谁知其名也？"意思说，大道不可以一种物体来说明，大德不可以一个方面来期待，养育万物而不是为了"仁"的名号，规范众人的行为不是为了"德"的名称，宁静平淡，与他物没有界限，这种境界谁又能知道他的具体名称呢？

④ 具体而微：总体上各种品德都已具备而发展程度还不高。《孟子·公孙丑上》："子夏、子游、子张皆有圣人之一体；冉牛、闵子、颜渊，则具体而微。"赵岐注："体者，四肢股肱也……具体者，四肢皆具。微，小也。"

⑤ 一至：在一方面的才能比较完善。

⑥ 小雅之质：相当于小雅。质，相当，对等。《礼

记·聘义》："介绍而传命，君子于其所尊弗敢质，敬之至也。"郑玄注："质，谓正自相当。"

⑦一征："九征"之中的一征。依似：似是而非。刘昺在解释"依似"时说："纯讦似直而非直，纯宕似通而非通。"意思是一味地攻击别人的短处，好像是正直但并非正直；一味地放荡不羁，好像是通达但并非通达。

⑧间杂：某些方面有才，某些方面无德。

⑨无恒：无恒常品德。

⑩风人：古代采集民歌民风以观民情的人，也指诗人。

⑪概：关切。《孔丛子·抗志》："虽以天下易其胫毛，无所概于志矣。"

【译文】

对九征中有所违背的叫做偏杂之才。偏才、兼才、兼德三种人才德才比例的程度不同，对他们品德的称呼也不一样。偏至之才以某一方面的才能命名；兼才之人以其所具有的品德作为称呼；兼德之人更应用一种抽象的"美"来称之。所以兼具各种品德而达到极高的程度，就叫做中庸。中庸，是对圣人的称呼。总体上各种品德都已具备而发展程度还不高，称之为德行。德行，是对大雅之人的称呼。在一方面的才能比较完善叫做偏才，偏才，相当于小雅。九征之中只具备一征叫做依似，依似，属德行紊乱一类。只在某些方面有才在另些方面无德叫做间杂，间杂，指无恒常品德的人。德行紊乱和无恒常品德，风人中的末流之士。末流之人的品质，不能够把它说完，所以将其省略不予关注。

体别第二

　　本章着重分析各种各样的偏才之人以及他们各自的长处和短处，这就是"体别"的意思。在人才品第上能够达到中庸的境界是非常不容易的，因此是极少数，多数人都是达不到中庸境界的偏才。偏才之人是各种各样的，他们各有自己的长处和短处。以一种才能见长的人，他们的才能表现的同时，短处也同时存在。所以在发挥自己的长处的同时，要力戒短处的干扰，不要使长处变成了短处。

夫中庸之德，其质无名。故咸而不碱①，淡而不馈②，质而不缦③，文而不缋④。能威能怀⑤，能辩能讷⑥，变化无方，以达为节⑦。

【注释】

①碱：碱土，含有盐分的土壤，古人从中取盐。《后汉书·西南夷传·冉駹》："地有碱土，煮以为盐。"

②馈（kuì）：没有味道。

③质而不缦（màn）：看起来质朴无华却并非没有纹饰。质，质朴。缦，没有花纹的丝织品。

④文而不缋（huì）：看起来有纹彩却并非像五彩花纹的图案。文，纹理，花纹。缋，指彩色的花纹图案。《汉书·食货志下》："乃以白鹿皮方尺，缘以缋，为皮币，直四十万。"颜师古注："缋，绣也；绘五彩而为之。"

⑤威：使人畏惧慑服。怀：安抚。

⑥讷：忍住少说话。

⑦节：节度，限度。

【译文】

中庸这种道德，它的实质内容没有一个确定的名称。因此说它咸却没有碱土的苦涩，平淡却不是没有味道，看起来质朴无华却并非没有纹饰，看起来有纹彩却并非像五彩花纹的图案。能够威慑人也能安抚人，能言善辩又能忍住少说话，变化多端没有常规，以通达事物为限度。

　　是以抗者过之^①，而拘者不逮^②。夫拘抗违中^③，故善有所章^④，而理有所失^⑤。是故厉直刚毅，材在矫正，失在激讦^⑥。柔顺安恕，每在宽容^⑦，失在少决。雄悍杰健，任在胆烈^⑧，失在多忌。精良畏慎，善在恭谨，失在多疑。强楷坚劲^⑨，用在桢干^⑩，失在专固^⑪。论辩理绎^⑫，能在释结，失在流宕。普博周给，弘在覆裕^⑬，失在混浊。清介廉洁，节在俭固，失在拘扃^⑭。休动磊落^⑮，业在攀跻^⑯，失在疏越^⑰。沉静机密，精在玄微，失在迟缓。朴露径尽^⑱，质在中诚^⑲，失在不微^⑳。多智韬情^㉑，权在谲略^㉒，失在依违。及其进德之日不止，揆中庸以戒其材之拘抗^㉓，而指人之所短以益其失，犹晋楚带剑递相诡反也^㉔。

【注释】

①抗：竞争进取。

②拘：拘谨不争。不逮：追不上。

③违中：违背中庸之道。

④善有所章：有明显的好处。

⑤理有所失：有其过失之理。全句的意思是，拘抗者违背中庸之道，只求其得而忽略了其所失。刘昺在解释这句话时，引用了《庄子·达生》所讲的两个寓言："鲁有单豹者，岩居而水饮，不与民共利，行年七十而犹有婴儿之色。不幸遇饿虎，饿虎杀而食之。有张毅者，高门悬薄，无不走也。行年四十而

有内热之病以死。豹养其内而虎食其外，毂养其外
而病攻其内。此二子者，皆不鞭其后者也。"

⑥激讦（jié）：激烈地攻击别人的短处。

⑦每：贪。《文选·鹏鸟赋》："贪夫殉财兮，烈士殉名；
夸者死权兮，品庶每生。"李善注引孟康曰："每，
贪也。"

⑧任：能力，才能。《韩非子·定法》："术者，因任而
授官，循名而责实。"陈奇猷《集释》："太田方曰：
'任，能也。'有能以胜任其事则任其事，故引申之
为能也。"

⑨楷（jiē）：树木名。亦称黄连木。其枝干挺直，这
里用以形容刚直。

⑩桢干：古代夯土筑墙的器具，筑墙时所用的木柱叫
桢，竖在两旁障土的木柱或板叫干。这里比喻骨
干、支柱。《尚书·费誓》："峙乃桢干。"孔安国传：
"题曰桢，旁曰干。"孔颖达疏："题曰桢，谓当墙两
端者也。旁曰干，谓在墙两边者也。"

⑪专固：专擅，固执。

⑫理绎：梳理，分析。

⑬覆裕：普遍接触宽宏容纳。覆，覆盖，遮蔽，引申
为普遍。裕，宽大，宽容。《周易·系辞下》："益，
德之裕也。"韩康伯注："能益物者，其德宽大也。"

⑭拘扃（jiōng）：拘谨自闭。扃，门闩。

⑮休动磊落：行为善美光明磊落。

⑯业在攀跻：建立功业在于向上攀登。攀跻，攀登。

⑰疏越：疏忽，疏漏。

⑱朴露径尽：质朴率直全部显示。

⑲质在中诚：秉性忠诚。中，通"忠"。

⑳不微：不善于隐蔽自己。微，隐匿，隐藏。《左传·哀公十六年》："白公奔山而缢，其徒微之。"杜预注："微，匿也。"

㉑韬情：隐匿真情。

㉒权在谲略：灵活性在于狡黠有谋略。权，变通，灵活。

㉓揆（kuí）：揣测，估量。

㉔晋楚带剑递相诡反：晋人和楚人互相指责把剑佩带反了。诡，违背，相反。《管子·四时》："刑德合于时则生福，诡则生祸。"

【译文】

所以竞争进取的人是过头了，而拘谨不争的人则是达不到。拘谨和进取的人都违背了中庸之道，所以他们都有明显的长处，也有情理之中的过失。所以说，严厉耿直刚毅不阿的人，他的才干在于纠正偏错，失误在于激烈地攻击别人的短处。柔顺安稳宽以待人的人，只贪求宽宏大量容忍谦让，失误在于缺少决断。雄健有力强悍杰出的人，他的才能在于勇敢刚烈，失误在于多所猜忌。精明强干小心谨慎的人，长处在于谦恭有礼，失误在于多所疑虑。刚直坚强的人，他的作用在于骨干支撑，失误在于专擅固执。能言善辩长于分析的人，他的能力善于释疑解难，失误在于飘荡散漫。交际广博能与各种人相处的人，他的宽宏在于广泛容纳众人，失误在于好坏不分。清正耿直廉洁自持的人，他的节操在于节俭不奢，失误在于拘谨自闭。行为善美光明磊落的人，他的功业在于向上攀登，失误在于疏忽遗漏。深沉不语内有心计的人，他的精明在于微妙玄远，失误在于迟疑缓慢。质朴率直全部显露的人，他的秉性在于忠诚不渝，失误在于不善于隐蔽自己。足智多谋隐匿真情的人，他的灵活在于狡黠有谋略，失误在于左右依违犹豫不决。等到他们自认为德才大大增进，揣测中庸之道来避免自己才干的偏向极端，指责别人的短处来增加他的失误，就好像晋人和楚人由于佩带宝剑的习惯不同，而互相指责对方把剑佩带反了一样。

是故强毅之人，狠刚不和。不戒其强之搪突①，而以顺为挠②，厉其抗③。是故可以立法④，难以入微⑤。柔顺之人，缓心宽断。不戒其事之不摄⑥，而以抗为刿⑦，安其舒⑧。是故可与循常，难与权疑⑨。雄悍之人，气奋勇决。不戒其勇之毁跌，而以顺为恇⑩，竭其势⑪。是故可与涉难⑫，难与居约⑬。惧慎之人，畏患多忌，不戒其懦于为义⑭，而以勇为狎⑮，增其疑。是故可与保全，难与立节。凌楷之人⑯，秉意劲特⑰。不戒其情之固护⑱，而以辨为伪⑲，强其专。是故可以持正，难与附众。辩博之人，论理赡给⑳。不戒其辞之泛滥，而以楷为系㉑，遂其流㉒。是故可与泛序㉓，难与立约。弘普之人，意爱周洽㉔。不戒其交之溷杂，而以介为狷㉕，广其浊。是故可以抚众，难与厉俗。狷介之人，砭清激浊㉖。不戒其道之隘狭，而以普为秽㉗，益其拘。是故可与守节，难以变通。休动之人，志慕超越。不戒其意之大猥㉘，而以静为滞㉙，果其锐㉚。是故可以进趋，难与持后。沉静之人，道思回复㉛。不戒其静之迟后，而以动为疏㉜，美其懦㉝。是故可与深虑，难与捷速。朴露之人，中疑实㉞。不戒其实之野直，而以谲为诞㉟，露其诚。是故可与立信，难与消息㊱。韬谲之人，原度取容㊲。不戒其术之离正，而以尽为愚㊳，贵其虚。是故可与赞善，难与矫违。

【注释】

①搪突：即唐突，冒犯。

②挠：屈，屈服。《战国策·魏策四》："秦王色挠，长跪而谢之。"

③厉其抗：使其竞争进取之心更加强烈。厉，猛烈，激烈。《左传·定公十二年》："与其素厉，宁为无勇。"杜预注："厉，猛也。"

④以立法：用他们执行法律建立法律的权威。以，任用，使用。《尚书·立政》："继自今立政，其勿以憸人。"孔颖达疏："王当继续从今已往立其善政，其勿用憸利之人。"

⑤微：细微。刘昺在解释这句话时说："狠强刚戾，何机微之能入？"机微即细微。

⑥摄：巩固，持久。《国语·楚语上》："悛而不摄，则身勤之……摄而不彻，则明施舍以导之忠。"韦昭注："摄，固也。"

⑦刌：通"昧"，暗昧，愚昧。《韩非子·难言》："揔微说约，径省而不饰，则见以为刌而不辩。"于省吾新证："刌应读作昧……昧谓暗昧。"

⑧安其舒：安心于宽舒安稳的处事方法。

⑨权疑：决断疑难问题。

⑩恇（kuāng）：畏惧，恐惧。

⑪竭其势：把可能带来挫折失败的逞强奋勇的气势发挥到极致。竭，尽。此指到极致。刘昺解释"竭其势"说："而竭其毁跌之势。"

⑫与涉难：给与经历艰难（的工作）。与，给与。

⑬居约：服从约束，接受限制。

⑭为：动词，做。

⑮狎：轻视怠慢。

⑯凌楷：严峻正直。

⑰秉意劲特：坚持自己意志的个性非常突出强烈。

⑱情之固护：情志专一不移。

⑲辨：通"变"。《荀子·臣道》："故因其惧也而改其过，因其忧也而辨其故。"王念孙《读书杂志·荀子五》："辨读为变，变其故，谓去故而就新也。"

⑳赡给：富足，丰富。

㉑以楷为系：把规矩视为束缚。楷，法式，典范。

㉒遂其流：顺从放任散漫飘荡的心。刘昺在解释"遂

其流"时说："而遂其流宕之心。"

㉓泛序：泛泛地议论。

㉔意爱周洽：普遍地施与仁爱之意。周洽，普遍。

㉕以介为狷：刘昺注释这句话说："以拘介为狷戾。"拘介，守正耿介。狷戾，偏急暴戾。

㉖砭清激浊：针砭抨击世事的清浊。

㉗以普为秽：刘昺注释这句话说："以弘普为秽杂。"意为把普遍存在的事物看成是污秽庞杂。

㉘大猥：太强烈。大，"太"的古字。猥，猛烈，强烈。

㉙以静为滞：以沉静为滞屈。

㉚果其锐：刘昺注释此话时说："而增果锐之心。"果锐，锐意进取，急于求成。

㉛道思回复：反反复复思考其中的道理。

㉜以动为疏：以活动为粗疏。

㉝美：以……为美。

㉞中疑实：把心中的疑惑表现出来。

㉟以谲为诞：把狡猾视为荒诞。

㊱消息：变化。

㊲原度取容：推测揣度别人的心思讨好对方。原，推测，研究。《荀子·儒效》："俄而原仁义，分是非，图回天下于掌上而辨白黑，岂不愚而知矣哉！"

㊳尽：诚恳尽力。刘昺在解释"以尽为愚"时说："以款尽为愚直"，可见"尽"为"款尽"之意。

【译文】

所以耿直刚毅不阿的人，刚狠严厉。他不是力求戒除刚强中冒犯唐突的缺点，而是把柔顺当作软弱屈服，从而使其竞争进取之心更加强烈。所以这种人可以用他执法而建立法律的权威，很难用他从事细致入微的工作。柔顺安慰宽以待人的人，心性平缓，处事宽松。他不是力求戒除缺乏稳固持久的缺点，而是把亢奋进取看作是昏暗愚昧，安心于宽舒安稳的处事方法。所以这种人可以让他遵循常规办事，很难让他决断疑难问题。雄健有力强悍杰出的人，意气奋发勇猛果敢。他不是力求戒除奋勇会带来挫折和失败的缺点，而是把顺应时势看成是胆小怯懦，从而把可能带来挫折失败的逞强奋勇的气势发挥到极致。所以这种人可以让他经历艰难，很难让他服从约束接受限制。胆小谨慎的人，恐惧忧虑多所忌讳，他不是力求戒除害怕行义的缺点，而是把勇敢看作是对人的轻视怠慢，从而进一步增加疑虑恐惧心理。所以这种人可以全身自保，很难要求他建立名节。严峻刚直的人，坚持自己意志的个性非常突出强烈。他不是力求戒除情志专固不会改变的缺点，而是把变化视为虚伪，从而强化固执不变的性格。所以他可以执意坚持自认为是正确的东西，却很难得到众人的依附。能言善辩知识广博的人，理论充足。他不是力求戒除言论无所顾忌的缺点，而是把规矩视为束缚，顺从放任散漫飘荡的心志。所以这种人可以让他泛泛地议论，很难让他对自己有所约束。交际广博能与各种人相处的人，普遍地对人施与仁爱之意。他不是力求戒除结交混杂的缺点，而是把守正耿介视为偏急暴戾，从而扩大自己清浊不辨的毛病。所以这种人可以让他安抚众人，很难让他激励世俗。清正耿直廉洁自持的人，针砭抨击世事的清浊。他不是力求戒除处世方法狭隘的缺点，而是把普遍视为污秽，从而更加拘泥和保守。所以这种人可以让他坚守节操，很难让他进行变通。行为善美光明磊落的人，钦慕高超远大的志向。他不是力求戒除自我意志太强烈的缺点，而是把安稳沉静视为呆板迟滞，从而更加锐意进取急于求成。所以这种人可以让他开拓前行，很难让他处理善后。深沉平静的人，做事反反复复考虑其中的道理。他不是力求戒除由于平静带来的迟缓滞后的缺点，而是把积极的活动视为粗疏，以怯懦为美德。所以这种人可以让他深思熟虑，很难让他做到快速敏捷。质朴率直全部显露的人，把心中的疑惑都表现出来。他不是力求戒除由于实在带来的坦直无拘束的缺点，而是把狡黠视为荒诞，更加袒露自己的真诚。所以这种人可以和他讲信义，但很难让他随情况的变化而变化。足智多谋隐匿真情的人，推测揣度别人的心思讨好对方。他不是力求戒除处事脱离正道的毛病，而是把诚恳尽力视为愚昧不化，更加看重虚伪不实。这种人可以让他赞美颂扬善美，很难让他纠正违规杜绝邪恶。

夫学，所以成材也。恕①，所以推情也②。偏材之性不可移转矣③。虽教之以学，材成而随之以失。虽训之以恕，推情各从其心④。信者逆信⑤，诈者逆诈⑥，故学不入道⑦，恕不周物⑧，此偏材之益失也⑨。

【注释】

①恕：推己及人。《论语·卫灵公》：“子贡问曰：‘有一言而可以终身行之者乎？’子曰：‘其恕乎！己所不欲，勿施于人。’”

②推情：以自己的心理情感推想别人的心理情感。

③偏材之性不可移转：刘昺在解释这句话时说：“固守性分，闻义不徙。”意思说，偏材片面僵化地固守“恕”的训导，即使听到符合道义的道理也不改变。

④推情各从其心：以固定的心态来推想不同的人。刘昺在解释这句话时说：“意之所非，不肯是之于人。”意思说，自己意识里认为该否定的，就不以肯定的态度对待别人。

⑤信者逆信：刘昺在解释这句话时说：“推己之信，谓人皆信，而诈者得容其伪也。”逆，接受，肯定。

⑥诈者逆诈：刘昺在解释这句话时说：“推己之诈，谓人皆诈，则信者或受其疑也。”

⑦道：规律，方法，途径。

⑧周物：符合客观事物的实际。此指符合所推想之人的心理。

⑨益：增加，增大。

【译文】

学习，是使人能够成材的途径。恕，是用自己的心推想别人心理的方法。而偏材的心性片面僵化地固守“恕”的训导不能灵活转变。即使教导他学习，他也会因学有所成而在实践中有所失误。即使训导他对人以恕，他也会用固定的心态来推想不同的人。如果他自己讲信，会认为所有的人都是诚信的，如果他自己讲诈，会认为所有的人都是诈伪的，所以学习没有掌握真正的规律，讲恕不能符合所推想的人的真正心理，这就更加增大了偏才之人的失误。

流业第三

　　流业之"流"有两个意思：一个是源流之流，即德、法、术为各种才能的源头，在学习德、法、术时，由于所学者偏好不同，因而形成各种各样的人才，这就是"流"。另一个是品类的意思。刘昺在解释"流业"时说："流渐失源，其业各异"，这就是说，人才形成之流离开其源头越来越远的时候，就形成了各种不同的人才类型，概括起来有十二种：清节家、法家、术家、国体、器能、臧否、伎俩、智意、文章、儒学、口辩、雄杰。十二种类型又分别处于不同的品类，兼有德、法、术三种才干且三种才干比较完备的人才品第最高，兼具三才但程度稍差者次之，三才中只具备一二项者又次之。君主的任务，就是要根据他们的不同才能，把他们放到不同的位置去发挥他们的作用。

　　盖人流之业十有二焉①：有清节家②，有法家③，有术家④，有国体⑤，有器能⑥，有臧否⑦，有伎俩⑧，有智意⑨，有文章⑩，有儒学⑪，有口辩⑫，有雄杰⑬。

【注释】

①业：志业，由志向所决定的事业或功业。刘昺在注释这句话时说："性既不同，染习又异，枝流条别，各有志业。"

②清节家：品德节操行为堪为世人楷模之人。

③法家：战国时期的一个重要学派。经济上主张重农抑商，奖励耕战；政治上主张君主专制，运用术势，严刑厉法；思想上主张禁断百家，以法为教，以吏为师。主要代表人物有李悝、慎到、商鞅、申不害、韩非等人。

④术家：善于运用奇谋妙策之人。刘昺在解释"术家"时说："智虑无方。"即不按一定常规灵活地运用智谋。

⑤国体：兼备清节家、法家、术家三者素质才能的国家栋梁人才。

⑥器能：在德、法、术三方面略次于国体的人才。

⑦臧否：褒贬，评论。此指具备清节家的品德，但心胸不宽，喜欢褒贬人物，评论是非的人。

⑧伎俩：指虽然不能为国家制定长远的政策和策略，但有执行政策和策略技巧的人。

⑨智意：指善于权变、深谙谋略、机智灵活的人。

⑩文章：指文笔灿烂，能写文章的人。

⑪儒学：传授儒家学说的人。

⑫口辩：能言善辩之人。

⑬雄杰：有胆有勇谋略过人之人。

【译文】

人们由志向所决定的事业或功业有十二种：有清节家，有法家，有术家，有国体，有器能，有臧否，有伎俩，有智意，有文章，有儒学，有口辩，有雄杰。

若夫德行高妙①，容止可法②，是谓清节之家，延陵、晏婴是也③。建法立制，强国富人，是谓法家，管仲、商鞅是也④。思通道化⑤，策谋奇妙，是谓术家，范蠡、张良是也⑥。兼有三材，三材皆备，其德足以厉风俗⑦，其法足以正天下，其术足以谋庙胜⑧，是谓国体，伊尹、吕望是也⑨。兼有三材，三材皆微，其德足以率一国⑩，其法足以正乡邑⑪，其术足以权事宜，是谓器能，子产、西门豹是也⑫。兼有三材之别，各有一流，清节之流，不能弘恕⑬，好尚讥诃⑭，分别是非，是谓臧否，子夏之徒是也⑮。法家之流，不能创思远图，而能受一官之任，错意施巧⑯，是谓伎俩，张敞、赵广汉是也⑰。术家之流，不能创制垂则⑱，而能遭变用权，权智有余，公正不足，是谓智意，陈平、韩安国是也⑲。凡此八业，皆以三材为本。故虽波流分别，皆为轻事之材也⑳。能属文著述㉑，是谓文章，司马迁、班固是也㉒。能传圣人之业，而不能干事施政㉓，是谓儒学，毛公、贯公是也㉔。辩不入道而应对资给㉕，是谓口辩，乐毅、曹丘生是也㉖。胆力绝众㉗，才略过人，是谓骁雄，白起、韩信是也㉘。凡此十二材，皆人臣之任也，主德不预焉㉙。

【注释】

①若夫：至于。用于句首或段落的开始，表示另提一事。

②容止：仪容举止。法：效法。

③延陵：即春秋时吴国人季札，吴王寿梦少子，亦称公子札，因被封于延陵，又称延陵季子。因其有贤德，其兄诸樊、余祭、夷昧都曾让君位给他，但季札均不接受。曾出使鲁国，在观赏周朝诗歌和乐舞时，借分析诗歌乐舞评论诸侯盛衰，很有影响。晏婴：春秋时夷潍（今山东高密）人，字平仲，齐国大夫，历齐灵公、庄公、景公三朝。厉行节俭，善于劝谏，谈锋机智，主张诛不避贵，赏不遗贱，重视发展农业生产。多次出使楚、晋、鲁等国，在当时各诸侯国中颇有影响。在《左传》、《史记·管晏列传》、《晏子春秋》中对其事迹多有记载。

④管仲：春秋初颖上（今安徽颖水畔）人，名夷吾，一称敬仲。初与鲍叔牙经商，齐襄公时与公子纠投奔鲁国，后经鲍叔牙推荐，被齐桓公任为卿相，在齐国进行政治经济改革，主张按土地肥瘠征赋，开发鱼盐之利，铸货币平物价，重视选拔人才。在他的辅佐下，齐国国力大增，成为春秋时的霸主。商

鞅：战国时卫国人，公孙氏，名鞅，亦称卫鞅、公孙鞅、商君鞅、商君。喜好刑名之学，初为魏相公孙痤家臣，公孙痤死后入秦，以强国之术游说秦孝公，深被信任，任左庶长，先后实行两次变法，使秦国成为战国时最强大的国家。后迁任大良造，率军攻魏，俘获魏公子卬。以功封于商（今陕西商州东南），号商君。孝公死后，遭到反对派的诬害，举兵反抗，兵败被俘，被车裂而死。

⑤思通道化：思想与客观规律的变化相通。道化，指自然和社会规律的发展变化。

⑥范蠡：春秋末楚国宛（今河南南阳）人，字少伯。与宛令文种为友，后一起进入越国，为越王勾践谋臣。越国被吴国打败后，随越王勾践入吴为质，三年后随勾践返越，帮助越王奋发图强，待机复仇。越国强大后，灭掉吴国，范蠡却离开越国到了齐国，称鸱夷子皮。后到陶（今山东定陶西北）改称陶朱公，通过经商成为巨富。其政治主张和经济思想在《国语》、《吕氏春秋》、《史记》等史籍中有记载。张良：秦朝末年人，字子房，出身韩国贵族，祖父与父亲相继为韩国卿相。秦灭韩后，图谋复国，倾家财寻求刺客，对秦始皇进行刺杀未遂，因而逃亡，在下邳隐名避祸，随从圯上老人学《太公兵法》。秦末参加陈胜、吴广起义，后归附刘邦，成为其手下重要谋士。刘邦进入关中后，曾劝其不要贪恋宫室，又在项羽的鸿门宴中为刘邦解危。楚

汉战争中，主张争取英布、彭越、韩信，连兵破楚，反对郦食其分封六国之后的主张。刘邦建国后，被封为留侯，在劝刘邦定都关中、册立太子等问题上均起重要作用。

⑦厉风俗：勉励好的社会风气习俗。

⑧谋庙胜：谋划朝廷预先制定的克敌制胜的谋略。《尉缭子·战威》："刑未加，兵未接，而所以夺敌者五：一曰庙胜之论。"

⑨伊尹：商初重要谋臣，名尹，一说名挚，尹是官名。初在有莘国为奴，成汤娶有莘氏女，伊尹作为陪嫁入商。成汤发现其才，提拔重用，后委之以国政。先后帮助成汤灭掉葛、昆吾等小国，后打败夏桀，建立商朝。吕望：又称太公望、吕尚、师尚父，俗称姜太公、姜子牙。西周开国大臣，姜姓，名尚，字子牙。周文王遇之于渭水之阳，以之为师。文王死后，继续辅佐武王，在灭商建周中功绩卓著，故西周建立后被封于营丘，为齐国的开国之君。

⑩率一国：为一国的表率。

⑪正乡邑：纠正基层社会中的不良风气习俗。乡邑，上古时指乡里，秦汉以后多指县以下的小镇。此泛指基层社会。

⑫子产：春秋时郑国人，名侨，字子产，又字子美。郑穆公之孙，公子发之子，因此又称公孙侨，也称国侨。因其居于东里，也称东里子产。任郑国卿、少正等职，执掌国政期间，锐意改革，作丘赋，铸

刑书，举贤用能，保护乡校，把郑国治理得井井有条，死后被孔子称为"古之遗爱"。西门豹：战国时魏国大臣，姓西门，名豹。魏文侯时任邺县县令，到任后废除当地为河伯娶妇的陋习，移风易俗。主张藏粮于民，寓兵于农，示民以信。在任期间，开凿十二渠，引漳河灌溉农田。他为官清廉，不取个人秋毫之私利。据说他为人性急，常佩韦以自缓。

⑬弘恕：宽容，宽大。

⑭讥诃：讥笑责备非难。

⑮子夏：春秋末晋国温（今河南温县西南）人，姓卜，名商，字子夏，孔子弟子，列于孔门文学之科。主张"仕而优则学，学而优则仕"、"博学而笃志，切问而近思"。要求国君研读《春秋》，以史为训。提出尊贤轻色，事亲竭力，事君尽忠，交友守信。因主张大德不可越轨，小德可有出入，被孔子批评为守礼不严。孔子死后到魏国西河讲学，魏文侯师事之。李悝、吴起、商鞅都是他的学生。

⑯错意施巧：着意施展实现自己意图的技巧。错意，在意，着意。错，通"措"。巧，指实现自己意图的技巧。

⑰张敞：西汉河东平阳（今山西临汾西南）人，字子高。汉昭帝时任太仆丞，因切谏昌邑王而出名。历任豫州刺史、太中大夫、平尚书事、山阳太守、胶东相、守京兆尹、冀州刺史、守太原太守等职。整

顿京师治安颇有成效。赵广汉：西汉涿郡蠡吾（今河北博野西南）人，字子都。历任州从事、平准令、阳翟令、京辅都尉、守京兆尹、颍川太守等职。在颍川太守任上，惩治郡中豪强，郡中震栗。在京兆尹任上精于吏职，为汉兴以来治理京兆最有成绩者。霍光死后，摧辱霍氏及贵戚大臣，无所回避。后因上书告发丞相魏相，被司直萧望之弹劾，死于腰斩之刑。

⑱垂则：垂示法则。《汉书·外戚传下·孝成许皇后》："垂则列妾，使有法焉。"颜师古注："言垂法于后宫，使皆遵行也。"

⑲陈平：秦末阳武（今河南原阳东南）人。出身贫寒，喜黄老之术。秦末天下大乱，先后事魏王咎、项羽，随项羽入关破秦。后归顺刘邦，为刘邦重要谋士。屡向刘邦进献奇策，如离间项羽君臣、解平城之围、计擒韩信等等。历任都尉、亚将、护军中尉等，先后被封为户牖侯和曲逆侯。惠帝时又历任郎中令，左、右丞相。诸吕专权时，以不理政事纵情酒色伪装自己。吕后死，与太尉周勃合谋诛灭诸吕，迎立文帝。韩安国：西汉梁国睢阳（今河南商丘南）人，字长孺。初在梁王手下任中大夫，平定吴楚七国乱有功，任梁内史。汉武帝时任北地都尉、大司农、御史大夫、护军将军等职。性贪财嗜利，但不嫉贤妒能，举荐人才，因此被士人所称。丞相田蚡死后，一度以御史大夫行丞相事，后因病

免职。后历任中尉将军、卫尉将军、材官将军等职，因将屯失亡多，被武帝所责，忧郁而死。

⑳轻事：轻而易举地完成职责分内的事情。

㉑属文：撰写文章。《文选·文赋》："每自属文，尤见其情。"李善注："属，缀也。"缀即组织文字以成篇章之意。

㉒司马迁：西汉左冯翊夏阳（今陕西韩城南）人，字子长。少年随父读书，又从董仲舒、孔安国学《春秋》《尚书》。十二岁出游，足迹遍于湖北、湖南、江西、浙江、江苏、山东、河南等地。后任郎中，随汉武帝巡游到过陕西、山西、甘肃、内蒙等地，又奉命出使四川、云南等地，积累了丰厚的阅历。父亲死后，继承父亲遗志，继续著史。汉武帝元封三年（前108）任太史令，阅读皇室藏书，搜集史料。天汉三年（前98），因替投降匈奴的李陵辩解，被下狱中，遭受腐刑。出狱后忍辱发奋，继续撰述，写成我国第一部纪传体的通史《史记》。班固：东汉扶风安陵（今陕西咸阳东北）人，字孟坚，班彪之子。十六岁入洛阳太学，二十三岁父死，归乡里，潜心撰述史书。后被人诬告私改国史，入狱。其弟班超辨明其冤，乃被释出狱，任兰台令史，撰述东汉开国以来的史事。先与陈宗等人共同撰成《世祖本纪》，迁为典校秘书后，又自撰功臣、平林、新市、公孙述等列传、载记二十八篇。后受明帝之命，撰成起自高祖刘邦终于王莽的《汉书》。

章帝时官迁玄武司马，撰成《白虎通义》。和帝时随窦宪出击匈奴，窦宪失事自杀，班固受牵连入狱而死。

㉓干事：参与军政国事。

㉔毛公：相传为西汉鲁（治今山东曲阜）人，一说为赵（今河北邯郸西南）人，名亨，河间献王博士，时人称为大毛公，以别于传承其学的小毛公毛苌。作《毛诗故训传》三十卷，开创一派《诗经》古文学。贯公：即贯长卿。西汉学者，赵人，古文学派毛诗派的传人，《汉书·儒林传》中有载。

㉕资给：天资聪敏，伶俐善辩。

㉖乐毅：战国时灵寿（今河北灵寿西北）人，魏将乐羊的后代。燕昭王时入燕，任亚卿。以上将军之任率燕、赵、魏、韩、秦五国军队伐齐，大败齐军。又率燕军独进，攻破齐国城邑七十多座，一直打到齐国首都临淄，因功被封为昌国君。燕昭王死后，继位的燕惠王中田单的反间计，罢黜乐毅，乐毅遂出奔赵国，受封于观津，号望诸君。后燕惠王有悔意，派人召之，乐毅不肯应召，在赵国终老。曹丘生：秦末辩士，楚人，依附贵人，利用贵人权势向人请托金钱。与贵人赵同、窦长君关系好。曹丘生想结识将军季布，请窦长君给季布写信介绍自己。窦长君说："季将军不喜欢你，你不要去见他。"曹丘生坚持要见，窦长君只好写信先给季布送去。季布见信果然大怒，等待曹丘生的到来。曹丘生到

后，对季布说："我是楚人，您也是楚人。楚地有一句谚语'得黄金百，不如季布一个许诺'。您为什么在楚地会有这样的名声呢？是因我的游走宣扬的结果，难道您不念及这些吗？怎么对我这样深加拒绝呢？"季布听后，非常高兴，便把他留下，奉为上宾。

㉗绝：超过。南朝宋鲍照《代朗月行》："鬓夺卫女迅，体绝飞燕光。"

㉘白起：战国时眉（今陕西眉县东）人，一称公孙起，著名军事家。秦昭王时任左庶长、左更、大良造。率军打破韩魏联军于伊阙，进攻魏国攻陷六十一城，进攻楚国东进至竟陵，南进至洞庭湖一带，以功封武安君。秦昭王四十七年（前260），在长平大败赵军，坑杀赵军降卒四十余万。后与相国范雎有矛盾，被免为士伍，在阴密被迫自杀。韩信：秦汉著名军事家。淮阴（今江苏淮阴南）人，早年家贫，秦末参加项梁、项羽的反秦武装，因不被重用，后离开项羽投奔刘邦。开始不被刘邦重用，由于萧何保举，拜大将军。楚汉战争中先后定魏，击代、赵，降燕，破齐，垓下决战，打败项羽，战功卓著。先被封为齐王，后被徙为楚王，又因为被人诬告谋反，贬为淮阴侯。陈豨反叛后，韩信与之暗通消息，其舍人又告发他准备发兵袭击吕后及太子，被吕后与萧何设计杀害。

㉙主德：指善于使用各种人才的君主。

【译文】

　　至于德行高尚美好，仪容举止可以被众人效法的，这种人可称之为清节家，吴国延陵季子、齐国晏婴就是这样的人物。建立法律和制度，使国家强大人民富裕，这种人可称之为法家，齐国管仲、秦国商鞅就是这样的人物。思想与客观规律的变化相通，所谋划计策奇诡绝妙，这种人可称之为术家，越国范蠡、汉朝的张良就是这样的人物。兼有德、法、术三种才干，三种才能又比较完备的，其品德足以勉励好的社会风气和习俗的建立，其法律足以匡正天下歪风邪气，其谋术足以谋划朝廷预先制定的克敌制胜的谋略，这种人可称之为国体，殷商的伊尹、西周的吕望就是这样的人物。兼有德、法、术三种才干，而三种才干却都稍差前者，其品德足以为一国的表率，其法律足以匡正基层社会，其谋术足以应变各种事物，这种人可称之为器能，郑国的子产、魏国的西门豹就是这样的人物。兼有三种才干的某两项，并且各自有自己的流派，在清节家流派中，不能宽宏大量，喜欢对人讥笑责备非难，分辨谁是谁非，这种人可称之为臧否，子夏之流就是这样的人物。在法家流派中，不能创新思虑建立长远规划，但能在具体官位上胜任，着意施展实现自己意图的技巧，这种人可称之为伎俩，汉朝张敞、赵广汉就是这样的人物。术家的流派中，不能创建制度垂示法则，但能在情况变化的时候想出具体的应变策略，权变智谋有余，公平端正不足，这种人可称之为智意，汉朝陈平、韩安国就是这样的人物。凡此八类人才，都是以德、法、术三种才能作为根本。所以虽然这些人的流派不同，但都是能够轻而易举地完成职责分内的事情的人才。能撰写文章著书立说，这种人可称之为文章，汉朝司马迁、班固就是这样的人物。能传承圣人的事业，而不能参与国事实施政事，这种人可称之为儒学，汉朝毛公、贯公就是这样的人物。辩论的方法和语言不合正道但却语言丰富应对自如，这种人可称之为口辩，燕国乐毅、汉代曹丘生就是这样的人物。胆量勇力超过众人，才能谋略高于众人，这种人可称之为骁雄，白起、韩信就是这样的人物。上述十二种人才，都是在臣子的位置上，善于使用各种人才的君主不包括其内。

主德者，聪明平淡，总达众材①，而不以事自任者也。是故主道立，则十二材各得其任也。清节之德，师氏之任也②。法家之材，司寇之任也③。术家之材，三孤之任也④。三材纯备，三公之任也⑤。三材而微，冢宰之任也⑥。臧否之材，师氏之佐也⑦。智意之材，冢宰之佐也。伎俩之材，司空之任也⑧。儒学之材，安民之任也。文章之材，国史之任也⑨。辩给之材，行人之任也⑩。骁雄之材，将帅之任也。是谓主道得而臣道序，官不易方⑪，而太平用成⑫。若道不平淡与一材同用好⑬，则一材处权⑭，而众材失任矣。

【注释】

①总达：统领提拔。

②师氏：官名。西周时设置，官位尊显，负责教育贵族子弟。《周礼·地官·司徒》说："师氏，中大夫。"郑玄注："师，教人以道者之称也。"孔颖达疏："以其教国子有道艺，故使中大夫尊官为之也。"

③司寇：官名。夏朝始置，商、周、春秋战国沿置。国君重要辅佐大臣之一。春秋鲁、宋等国设大司寇、少司寇，郑国有野司寇，战国时有的称邦司寇。主管刑狱缉盗，督造兵器。

④三孤：官名。即三少。《尚书·周官》记载："少师、少傅、少保曰三孤。"辅助太师、太傅、太保辅弼君王，地位比公低比卿高。

⑤三公：官名。周朝为最高辅政大臣的合称，或指太师、太傅、太保，或指司徒、司马、司空。西汉成帝元和年间，以丞相、大司马、御史大夫同为宰相，合称"三公"。东汉改名为太尉、司徒、司空，亦称"三司"。位高禄厚，权力极大。

⑥冢宰：相传为殷、周辅政大臣，位居百官之首。《尚书·伊训》说："百官总己以听冢宰。"《礼记·檀弓下》说："古者天子崩，王世子听于冢宰三年。"春秋战国时泛指执掌国政的大臣。

⑦佐：指次一等，处于陪同地位者。《史记·孝武本纪》："天神贵者泰一，泰一佐曰五帝。"

⑧司空：官名。相传为殷商辅政大臣之一。西周时为"三公"之一。西汉成帝时改御史大夫为大司空，东汉光武帝初改为司空，均为"三公"之一。以后各

朝多有变化。

⑨国史：负责撰写国史的官员。

⑩行人：官名。《周礼·秋官》属官有大行人、小行人，掌迎送接待宾客。春秋战国各国多设行人，掌朝觐聘问。秦、西汉初有行人令，为大行令属官，负责接待少数民族宾客。两汉以后常设，担任出使聘问之事。

⑪官不易方：官不改变为官之道。方，道理，常规。《周易·恒》："君子以立不易方。"

⑫太平用成：太平盛世因此建成。用，因此。

⑬与一材同用好：刘昞在解释这句话时说："譬大匠善规，惟规之用。"意思是偏好某种才能。

⑭处权：当权。

【译文】

主德，就是聪明平淡，统领提拔众多人才，而不是亲自担当起处理日常事务的工作。所以主德之道确立，那么上述十二种人才就能各自按照才能得到任用。具备清节家品德的人，被放到官位尊显的师氏位置上。具备法家才能的人，被放到主管刑狱的司寇的位置上。具备谋划才能的人，被放到三孤的位置上。德、法、术三才具备的人，被放到三公的位置上。三才具备但比前者稍差的，被放到冢宰的位置上。褒贬人物评论是非的人，其地位比师氏要低一等。善权变智谋的人，其地位比冢宰要低一等。能在具体官位上胜任的人，被放在司空的位置上。具有传播圣人之业才能的人，被放到安抚百姓的位置上。具有撰写文章才能的人，被放到国史的位置上。具有论辩才能的人，被放到行人的位置上。骁勇雄悍的人，被放到将帅的位置上。这就叫做主德之道确立为臣之道井然有序，当官的不改变为官之道，太平盛世因此就建立了。如果主德之道不是平静中庸而是偏好某种才能，那么就会使具有某种才能的人得势，而其他众多的人才就不会被任用了。

材理第四

　　本章讨论关于人才与道理的关系。道理在它处在纯理论形态时，分为关于万物发展变化规律的道理、关于人事的道理、关于"义"的道理、关于性情的道理。概括起来就是道理、事理、义理、情理。而当人们去探讨这些道理的时候，即使他们有纯正畅达的性情也会产生九种偏颇。至于性情不够纯正畅达的则会有七种似是而非的表现。在互相争辩道理的时候，还会产生三种失误和六种造成纠纷的情况。之所以如此，是因为他们是"偏才"，只有同时具备"聪能听序"、"思能造端"、"明能见机"、"辞能辩意"、"捷能摄失"、"守能待攻"、"攻能夺守"八种才能，才能通晓天下至理，因而被称为"通才"。

夫建事立义，莫不须理而定①。及其论难，鲜能定之②。夫何故哉？盖理多品而人才异也③。夫理多品，则难通。人材异，则情诡④。情诡难通，则理失而事违也。

【注释】

①理：道理，事理。《周易·坤》："君子黄中通理。"孔颖达疏："黄中通理者，以黄居中，兼四方之色，奉承臣职，是通晓物理也。"

②鲜（xiǎn）：少。

③品：种类。

④诡：差异，不同。《淮南子·说林训》："水虽平，必有波；衡虽正，必有差；尺寸虽齐，必有诡。"高诱注："诡，不同也。"

【译文】

办成一件事情确立一种观点，全都需要道理的支持才能确定。然而在讨论辨明道理的时候，却很少能有定论。这是什么原因呢？这是因为道理的种类很多而且人才也各有不同的缘故。道理的种类很多，就很难讲通。人才各有不同，则性情就有差别。性情有差别道理难讲通，就会发生道理有失、事与愿违的现象。

夫理有四部①，明有四家②，情有九偏③，流有七似④，说有三失⑤，难有六构⑥，通有八能。

①理有四部：即下面所说道理、义理、事理、情理。

②明有四家：即四种道理的外在表现。明，公开，明
　显。此指外在表现。

③偏：片面，偏失。

④流有七似：刘昺在解释这句话时说："似是而非，其
　流有七。"似，即似是而非。

⑤说有三失：刘昺在解释这句话时说："词胜理滞，所
　失者三。"说，即指能言善辩但于理不通。

⑥构：构成。

【译文】

　　道理有四种，因而产生外在的表现有四种，人的性情
偏颇有九种，似是而非的现象有七种，在论说中造成的失
误有三种，在非难中所构成的情绪有六种，兼通天下之理
需要有八种能力。

　　若夫天地气化①，盈虚损益，道之理也②。法制
正事③，事之理也。礼教宜适④，义之理也⑤。人情
枢机⑥，情之理也。

【注释】

①气化：中国古代哲学术语。指阴阳之气化生万物。
　宋张载《正蒙·太和》："由太虚，有天之名；由气
　化，有道之名。"意谓"道"是物质变化的过程。

②道：世间万物发展变化的规律。

③正事：政事。正，通"政"。

④礼教宜适：刘昺在解释这句话时说："以理教人，进止得宜。"意思是用万物发展变化的道理教育人们，使他们的行动适合时宜。

⑤义：符合社会道德的思想和行为。

⑥枢机：《周易·系辞上》："言行，君子之枢机。"后因以"枢机"喻言语。刘昺在解释这句话时说："观物之情，在于言语。"

【译文】

至于天地阴阳之气所化成的万物，有消长盈亏的变化，这是世间万物发展变化规律的道理。以法律制度治理政事，这是关于人事的道理。用万物发展变化的道理教育人们使他们的行动适合时宜，这是关于义的道理。通过观察人的语言了解性情，这是关于性情的道理。

四理不同，其于才也，须明而章①，明待质而行②。是故质于理合，合而有明，明足见理③，理足成家。是故质性平淡，思心玄微④，能通自然，道理之家也。质性警彻⑤，权略机捷⑥，能理烦速⑦，事理之家也。质性和平，能论礼教，辩其得失，义礼之家也。质性机解⑧，推情原意⑨，能适其变，情理之家也。

【注释】

①须明而章：依靠外部表现而彰显。章，彰显。

②质：指人的先天资质。

③见：同"现"。

④玄微：玄远，微妙。

⑤警彻：敏锐透彻。

⑥机捷：机智敏捷。

⑦烦速：繁杂急迫的事务。

⑧机解：机敏聪颖有悟性。

⑨推情原意：推想性情追溯本意。原，"源"的古字。

【译文】

四种道理各不相同，对于人才来说，四理必须依靠其外部表现才能彰显，而外部表现是依赖于内部资质的。所以人才的资质与道理相吻合，吻合了就会有其外部表现，外部表现充分了道理也就体现出来了，道理充分了就形成了一家之理。所以资质平和恬淡，思考玄远微妙的事物，与自然相通，就是道理之家的表现。资质敏锐观察透彻，灵活有谋机智敏捷，能处理繁杂急迫的事务，就是事理之家的表现。资质性情温和平缓，能论说道理教化，论说其中的得失，就是义理之家的表现。资质性情机敏聪颖有悟性，推想性情追溯本意，适应情意的变化，就是情理之家的表现。

四家之明既异，而有九偏之情。以性犯明①，各有得失。刚略之人，不能理微，故其论大体，则弘博而高远；历纤理②，则宕往而疏越③。抗厉之人，不能回挠④，论法直⑤，则括处而公正⑥；说变通，则否戾而不入⑦。坚劲之人，好攻其事实，指机理⑧，则颖灼而彻尽⑨；涉大道，则径露而单持⑩。辩给之人，辞烦而意锐，推人事，则精识而穷理⑪；即大义，则恢愕而不周⑫。浮沉之人⑬，不能沉思，序疏数⑭，则豁达而傲博⑮；立事要，则熤炎而不定⑯。浅解之人⑰，不能深难，听辩说，则拟锷而愉悦⑱；审精理，则掉转而无根⑲。宽恕之人，不能速捷，论仁义，则弘详而长雅⑳；趋时务，则迟缓而不及。温柔之人，力不休强㉑，味道理，则顺适而和畅；拟疑难㉒，则濡懦而不尽。好奇之人，横逸而求异㉓，造权谲，则倜傥而瑰壮㉔；案清道，则诡常而恢迂㉕。此所谓性有九偏，各从其心之所可以为理㉖。

【注释】

①犯：进攻，伤害。刘昺在解释"以性犯明，各有得失"时说："明出于真，情动于性，情胜则明蔽，故虽得而必丧也。"

②历：审视，察看。汉班彪《王命论》："历古今之得失，验行事之成败。"

③宕往：豪纵不羁。疏越：疏忽遗漏。

④回挠：屈服。

⑤论法直：论说法律所适用的地方。直，同"置"，放置，安置。此处的意思是"把法律放置在……地方"，意即"法律所适用的地方"。

⑥括处：即执法审察刑狱。括，法。汉扬雄《法言·修身》："其为中也弘深，其为外也肃括，则可以裋身矣。"李轨注："括，法也。"处，审察。

⑦否戾：即乖戾、悖谬，不合情理。

⑧机理：事物变化的道理。

⑨颖：尖锐。灼：鲜明。

⑩径露：直截了当。单持：所持义理单薄。刘昺在解释这句话时说："言切则义少。"

⑪穷：尽。

⑫恢愕：恢廓直率。不周：不齐全，不周到。

⑬浮沉之人：性情浮躁不沉稳的人。浮沉，偏指浮躁不沉稳。

⑭疏数：疏密，远近，亲疏。

⑮傲博：此指范围广大。傲，同"敖"，游走。

⑯滥（làn）炎：火焰飘动的样子。

⑰浅解之人：理解问题肤浅的人。

⑱拟锷（è）：类似锋利的剑刃。锷，刀剑的刃。《庄子·说剑》："天子之剑，以燕溪石城为锋，齐岱为锷，晋魏为脊，周宋为镡，韩魏为夹。"把别人的辩说看作像剑刃一样犀利。

⑲掉转而无根：颠三倒四没有根据。

⑳弘详：宽宏和顺。详，通"祥"，和顺。《左传·成公十六年》："德、刑、详、义、礼、信，战之器也。"杨伯峻注："祥、详两字本可通假。祥即事鬼神之应有态度，顺也，善也。"

㉑休强：盛美强壮。

㉒拟疑难：决断处理疑难问题。拟，指向。

㉓横逸：纵横奔放。

㉔倜傥：卓异，不同寻常。瑰壮：瑰丽雄壮。

㉕恢迂：迂阔，不切实际。

㉖各从其心之所可以为理：刘昺在解释这句话时说："心之所可以为理"，即把自己心中认为是对的东西作为普遍适用的道理。

【译文】

四家的外部表现已经不相同，由此又产生了九种性情的偏颇。因性情侵扰而使外部表现受到损害，就使四家各有失有得。性情刚烈粗犷的人，不能处理细微的事，所以他在论说事物概貌时，会显得博大而高远；而在审察细微的道理时，则会豪纵不羁疏忽遗漏。性情高尚严正的人，不能屈服折节，论说法律所适用的地方时，会执法审察刑狱公正不偏；而在谈论灵活变通方面，则会出现悖谬不合情理。性情坚定强劲的人，喜好钻研具体事务的真实情况，在谈论具体事物变化的道理时，敏锐鲜明而明白透彻；而在谈论宏观道理时，则直截了当所持义理单薄。能言善辩之人，语词丰富而情意急切，推断人事时，会见识精深道理深透；而在碰到大的道理时，则恢廓直率而不周到。性情浮躁不沉稳的人，不能深入思考，排列疏密远近亲疏顺序时，会豁达范围广大；而确立事物的关键时，则会像火焰一样飘忽不定。理解问题肤浅的人，不能深刻地问难，听到别人的辩说时，会认为得到像剑刃一样犀利语言而心怀喜悦；而在审察精深的道理时，就会颠三倒四没有根据。性情宽厚能体察别人心理的人，不能迅速敏捷地反应，谈论仁义时，会宽宏和顺高尚文雅；追赶时务潮流时，则会迟缓而落后。性情温柔的人，力量不强壮，体味道理时，会顺应适合平和顺畅；决断处理疑难问题时，则会软弱迟疑犹豫不决。好标新立异的人，纵横奔放追求新奇，制造权谋实行诡诈时，会不同寻常瑰丽雄壮；按照清静无为之道做事时，则会违反常规不切实际。这就是人们所说的性情的九种偏颇，他们分别把自己心中认为是对的东西作为普遍适用的道理。

若乃性不精畅①，则流有七似。有漫谈陈说②，似若流行者③。有理少多端，似若博意者④。有回说合意⑤，似若赞解者⑥。有处后持长⑦，从众所安，似能听断者。有避难不应，似若有余而实不知者。有慕通口解⑧，似悦而不怿者⑨。有因胜情失⑩，穷而称妙，跌则掎跂⑪，实求两解，似理不可屈者。凡此七似，众人之所惑也。

【注释】
①精畅：纯正畅达。
②陈说：旧理论。
③流行：指正在盛行的学说。
④博意：含义宏大广博。
⑤回说合意：附和别人的意思进行答复。

⑥似若赞解：表面上称赞别人说得好，心里对别人所说并不理解。刘昺在解释这句话时说："外佯称善，内实不知。"

⑦处后持长：在别人谈论后发表意见，持赞许态度。长，正确，引申为赞许。

⑧慕通口解：仿效那些精通道理的人马上说出。慕，仿效。

⑨似悦而不怿者：好像因明白而高兴实际上并没明白。刘昺在解释这句话时说："有似于解者，心中慢慢不能悟。"

⑩因：往，趋赴。《国语·郑语》："公曰：'谢西之九州，何如？'对曰：'其民沓贪而忍，不可因也。'"韦昭注："因，就也。"

⑪跌则掎跖（zhí）：刘昺在解释这句话时说："理已跌矣，而强牵据。"掎跖，勉强坚持以为依据。

【译文】

至于那些性情不纯正畅达的人，则有七种似是而非的表现。有的人大谈陈旧的学说，好像他的学说时下正在盛行。有的人道理并不充分却涉及广泛，好像其学说含义宏大广博。有的人附合别人的意思进行答复，表面上称赞别人说得好，心里对别人所说并不理解。有的人在别人谈论后发表意见，持赞许态度，顺从众人认为可靠的观点，好像能判断谁是谁非。有的人实际上并不明白别人所说，但假装加以轻视不予回应，好像已经知道，但实际上并非如此。有的人仿效那些精通事理的人马上加以回应，好像因有所悟而显出高兴的样子，实际上并不高兴。有的人因追求在论辩中取胜而失去常情，已经词穷还自以为妙而难以尽意，理已屈还勉强坚持以为依据，理屈词穷心里想着和对方停止辩论，而嘴上却滔滔不绝地说，让旁听的人认为他并没有被说服。以上七种似是而非的表现，往往让众人迷惑，分辨不清。

　　夫辩有理胜，有辞胜。理胜者，正白黑以广论①，释微妙而通之。辞胜者，破正理以求异，求异则正失矣。夫九偏之材，有同、有反、有杂。同则相解，反则相非，杂则相恢②。故善接论者，度所长而论之③。历之不动，则不说也。傍无听达，则不难也。不善接论者，说之以杂反④。说之以杂反，则不入矣。善喻者，以一言明数事。不善喻者，百言不明一意。百言不明一意，则不听也。是说之三失也。

【注释】

①正：辨别，区分。

②恢：宏大宽广。此引申为相容。

③度：推测。

④杂反：论点混杂相反。

【译文】

　　辩论有以道理取胜，有以言辞取胜。以道理取胜的，辨别黑白是非以使自己的理论得到推广，解释微妙的道理使别人通晓明白。以言辞取胜的，打破正理求得异说，追求异说则就失去了正理。九种性情偏颇的人才，其性情有同、反、杂三种。性情同的则会与别人的观点融为一体，性情反的就会与别人的观点互相非难，性情杂的则能容纳别人的观点。所以善于和别人交谈的，会忖度对方的长处而与之谈论。自己的意见不能说动对方，就暂时不说。旁边没有通达的人听，就不提出非难了。不善于和别人交谈的，用混杂相反的论点和别人论说。用混杂相反的论点与别人论说，就会与对方的想法格格不入。善于开导别人的，能用很少的语言说明很多的事情。不善于开导别人的，说很多话也说不明白一个意思。说很多话也说不明白一个意思，别人就不会听了。这是论说方面的三个失误。

善难者，务释事本①。不善难者，舍本而理末。舍本而理末，则辞构矣②。善攻强者，下其盛锐③，扶其本指④，以渐攻之⑤。不善攻强者，引其误辞，以挫其锐意。挫其锐意，则气构矣⑥。善蹑失者⑦，指其所跌。不善蹑失者，因屈而抵其性⑧。因屈而抵其性，则怨构矣⑨。或常所思求，久乃得之。仓卒谕人，人不速知，则以为难谕。以为难谕，则忿构矣⑩。夫盛难之时⑪，其误难迫⑫。故善难者，征之使还。不善难者，凌而激之⑬，虽欲顾藉，其势无由。其势无由，则妄构矣⑭。凡人心有所思，则耳且不能听。是故并思俱说，竞相制止，欲人之听己，人亦以其方思之故，不了己意，则以为不解。

人情莫不讳不解，讳不解，则怒构矣⑮。凡此六构，变之所由兴也⑯。

【注释】

①务释事本：致力于抓住根本而舍去末节。刘昺在解释这句话时说："每得理而止住。"事，治理。《淮南子·原道训》："万物固以自然，圣人又何事焉？"高诱注："事，治也。"

②辞构：构成了言词烦冗，废话连篇。

③下其盛锐：使其盛锐之气减低。

④扶其本指：顺着他本来的意旨。指，通"旨"。

⑤渐：逐步。

⑥气：生气。此指通过说话和脸色表现出来的生气情绪。

⑦蹑：同"摄"，提起，拿住。

⑧因屈而抵其性：趁他理屈的时候进一步挤压使他受挫。

⑨怨：怨恨，比生气更强烈的情绪。刘昺在解释这句话时说："非徒声色而已，怨恨逆结于心。"

⑩忿：忿怒，比怨恨更激烈的情绪。刘昺在解释这句话时说："非徒怨恨，遂生忿争。"

⑪盛难之时：气盛而出现语言错误的时候。刘昺在解释这句话时说："气盛词误。"

⑫其误难迫：其错误应该回避，不要进一步逼迫。迫，逼近，逼迫。

⑬凌而激之：侵犯欺侮他使他的反应更激烈。

⑭妄：胡乱，随便。此指随意乱说，恣意诋毁。刘昺

在解释这句话时说："妄言非訾，纵横恣口。"

⑮怒：比忿更强烈的情绪。刘昺在解释这句话时说："不顾道理是非，于其凶怒恣肆。"

⑯兴：发生。

【译文】

善于辩驳的人，致力于抓住根本而舍去末节。不善于辩驳的人，则舍去根本而去注意末节。舍去根本而去注意末节，则就构成了言词烦冗，废话连篇的情形。善于战胜强大对手的人，先使对手的盛锐之气减低，然后顺着他本来的意旨，逐步地批驳他。不善于进攻强大对手的人，往往找出对手语言上的失误，以此来挫败他的锐气。用这样的方法挫败对手的锐气，就会使他说话和表情都显出生气的情绪。善于利用对手过失的人，当对手出现失误时，对着他的失误不去进逼。不善于利用对手过失的人，趁他理屈的时候进一步挤压使他受挫。趁他理屈的时候挤压他，则会使他在心里结成怨恨的情绪。有的人自己常常思考寻求道理，经过很长的时间才有所发现。然而他却让别人马上接受这个道理，别人不能马上接受，就以为别人难以理喻。把别人看作是难以理喻的人，别人就会因愤怒而与之争辩。当别人气盛而出现语言错误的时候，对其错误应该回避，不要进一步逼迫。所以善于对待别人语言错误的人，指出他的错误却让他有挽回的余地。不善于对待别人语言错误的人，会借此侵犯欺侮他，使他做出更激烈的反应，对手即使顾念爱惜自己的面子，但却无法挽回。无法挽回，就会使他随意乱说，恣意诋毁。大凡人在思考问题的时候，

往往不能同时听到别人在说什么。所以在别人思考的同时
去和他谈话，制止别人的谈话，只想让人家听自己的，别
人因为正在思考的缘故，没有听进去，就以为人家不了解
自己的意图。忌讳别人说不了解是人之常情，因为忌讳别
人说自己不了解，便造成了无比愤怒的情绪。由于上边所
说的六种情况，谈话中的纠纷便由此产生了。

　　然虽有变构，犹有所得。若说而不难，各陈所
见，则莫知所用矣①。由此论之，谈而定理者，眇
矣②。必也聪能听序③，思能造端④，明能见机⑤，辞
能辩意，捷能摄失，守能待攻，攻能夺守⑥，夺能
易予⑦。兼此八者，然后乃能通于天下之理。通于
天下之理，则能通人矣。不能兼有八美，适有一
能⑧，则所达者偏，而所有异目矣⑨。

【注释】
①莫知所用：不知道哪种道理是有用的。
②眇（miǎo）：盲目。
③序：次第。此指听出声音大小的差别，排出此次序。
④造端：开始，开端。《中庸》："君子之道，造端乎夫
　　妇；及其至也，察乎天地。"孔颖达疏："言君子行
　　道，初始造立端绪，起于匹夫匹妇之所知所行者。"
⑤见机：从事物细微的变化中预见其先兆。《周易·系
　　辞下》："君子见几而作，不俟终日。"机，通"几"，
　　指事物的迹象、先兆。《周易·系辞下》："几者，动

之微，吉之先见者也。"

⑥夺：压倒，胜过。

⑦易予：（在辩论中）改变对方认可（的观点）。予，认为，认可。刘昺在解释这句话时说："以子之矛，易子之盾，则物主词穷。"

⑧适有一能：只有一种才能。适，通"啻"，仅仅。《战国策·秦策二》："疑臣者不适三人，臣恐王之为臣投杼也。"高诱注："适音翅。"鲍彪注："适啻同。"

⑨异目：各自以偏才建立自己的名声。刘昺在解释这说话时说："各以所通，而立其名。"

【译文】

然而在辩说中虽有各种情绪的变化构成，最终还是要以确定的真理来取得成功。如果只有述说而没有辩论质疑，只是各自陈述自己的意见，就不知道哪种道理是可用的了。因此可以说，泛泛而谈没有辩论而确定的道理，是盲目的。必须做到听力敏锐得能分辨声音大小细微的差别，思虑深远得能够追溯到事物的开端，眼光敏锐得能够察觉到事物变化的先兆，言辞巧妙得能够表达心中的想法，处事敏捷得能够弥补一时的失误，防守坚强得能够挡住强敌的进攻，进攻凌厉得能够战胜严密的防守，争夺巧妙得能够用对方的弱点制服对方。同时具备这八种能力，然后才能通晓天下的道理。通晓天下的道理，就能够透彻地了解人了。不能够同时具备八种才能，而只有一种才能，所获得的成就是偏颇的，而且是各自以偏才建立自己名声的。

是故聪能听序，谓之名物之材①。思能造端，谓之构架之材②。明能见机，谓之达识之材。辞能辩意，谓之赡给之材。捷能摄失，谓之权捷之材③。守能待攻，谓之持论之材④。攻能夺守，谓之推彻之材⑤。夺能易予，谓之贸说之材⑥。通材之人，既兼此八材，行之以道。与通人言，则同解而心喻。与众人言⑦，则察色而顺性。虽明包众理，不以尚人⑧。聪睿资给，不以先人⑨。善言出己，理足则止。鄙误在人，过而不迫。写人之所怀⑩，扶人之所能。不以事类犯人之所姻⑪，不以言例及己之所长⑫。说直说变⑬，无所畏恶。采虫声之善音，赞愚人之偶得。夺与有宜，去就不留⑭。方其盛气⑮，折谢不吝⑯。方其胜难，胜而不矜。心平志谕，无适无莫⑰，期于得道而已矣⑱。是可与论经世而理物也⑲。

【注释】

①名物：辨明物理。汉董仲舒《春秋繁露·实性》："《春秋》别物之理以正其名，名物必各因其真。"

②构架：结架材木，指建筑。引申为运筹决策，构思设计。

③权捷：应变能力强。

④持论：立论，提出并坚持自己的主张。

⑤推彻：推倒，拆毁。此指在理论上摧垮对方。

⑥贸说：擅长论辩。

⑦众人：一般的人。《孟子·告子下》："君子之所为，众人固不识也。"

⑧尚人：居于人之上。尚，上。

⑨先人：居于人之前。

⑩写：倾泻。汉董仲舒《春秋繁露·考功名》："其为天下除害也，若川渎之写于海也。"

⑪不以事类犯人之所媚（hù）：不用类似的事冒犯别人，引起别人的嫉恨。媚，嫉恨。

⑫不以言例及己之所长：不用比喻的词语涉及自己的长处。

⑬说直：劝说正直刚毅的人。说变：劝说权变诡诈的人。

⑭去就不留：离开和留下都不迟疑。留，拖延，迟滞。

⑮方：正当，正在。

⑯折谢不吝：不惜弯腰致歉。刘昺在解释这句话时说："不避锐跌，不惜屈挠。"

⑰无适无莫：没规定该如何，也没规定不该如何。指在坚持一定目标下，善用灵活权宜手段。《论语·里仁》："子曰：'君子之于天下也，无适也，无莫也，义之与比。'"朱熹《集注》："适，专主也。《春秋传》曰'吾谁适从'是也。莫，不肯也。比，从也。谢氏曰：'适，可也。莫，不可也。无可无不可，苟无道以主之，不几于猖狂自恣乎？'"

⑱期：期望。

⑲经世：治理国事。理物：治理事务。

【译文】

　　听力敏锐得能分辨声音大小细微差别的人，称为名物之才。思虑深远得能够追溯到事物开端的人，称为构架之才。眼光敏锐得能够察觉到事物变化先兆的人，称为达识之才。言辞巧妙得能够表达心中想法的人，称为赡给之才。处事敏捷得能够弥补一时失误的人，称为权捷之才。防守坚强得能够挡住论敌进攻的人，称为持论之才。进攻凌厉得能够战胜严密防守的人，称为推彻之才。争夺巧妙得能够用对方弱点制服对方，称为贸说之才。通才就是兼备上述八种才能的人，他们能够遵循事物的规律发挥这些才能。他们和通才交谈，则理解相同心里明白。和一般人交谈，则察言观色并顺从他们的性情。他们虽然明白并掌握众多的道理，但不因此而居人之上。他们虽聪明而富有天资，却不因此而居人之先。美言出于己口，道理讲充分就适可而止。别人出现低下的错误，看到这些错误也不去逼迫追究。替别人抒发情怀，帮助别人发挥才干。不用类似的事冒犯别人，引起别人的嫉恨，不用比喻的词语涉及自己的长处。无论劝说正直刚毅的人还是劝说权变诡诈的人，都无所畏惧无所厌恶。从鸣虫的叫声中获得美的声音，对愚笨之人的偶然发现给与赞许。获得和给与都恰到好处，离开或留下都毫不迟疑。当他气势旺盛之际，也能不惜弯腰致歉。当他战胜论敌的时候，也能做到胜而不骄。心气平和志向明确，在坚持一定目标下，善用灵活权宜手段，只期望能够掌握事理而已。这种人就可以与他谈论治理国是管理民众的道理了。

卷　中

材能第五

　　本章探讨人才与能力的关系。人才是一个专门术语，担任高级职务的是人才，担任低级职务的也是人才。人才是各种各样的，是因为他们所具有的能力各种各样。人才的能力有大有小，是因为人的才智有高有低。人才既然类型不同，能力大小各异，因此把他们放在合适的位置上，才能使他们的能力充分发挥出来，从而给国家的治理带来好处。如果把他们放错位置，就是使用人才不当，会给国家带来灾难。例如实行威慑刚猛政治的人适合讨伐叛乱，让他们治理善良的百姓，就会对百姓残暴不仁。君主的职责是发现人才，把他们放到适当的位置，以使他们的才能得到充分发挥，从而使国家得到有效的治理。

或曰①："人材有能大而不能小，犹函牛之鼎不可以烹鸡②。"愚以为此非名也③。夫能之为言，已定之称。岂有能大而不能小乎？凡所谓能大而不能小，其语出于性有宽急。性有宽急，故宜有大小。宽弘之人，宜为郡国④，使下得施其功⑤，而总成其事。急小之人⑥，宜理百里⑦，使事办于己。然则郡之与县，异体之大小者也⑧。以实理宽急论辩之，则当言大小异宜，不当言能大不能小也。若夫鸡之与牛，亦异体之小大也，故鼎亦宜有大小。若以烹犊，则岂不能烹鸡乎？故能治大郡，则亦能治小郡矣。推此论之，人材各有所宜，非独大小之谓也。

【注释】

①或：有的人。

②函：包含，容纳。

③名：形容。《论语·泰伯》："大哉，尧之为君也！巍巍乎，唯天为大，唯尧则之！荡荡乎，民无能名焉！"朱熹《集注》："言物之高大，莫有过于天者，而独尧之德能与之准。故其德之广远，亦如天之不可以言语形容也。"

④为：治理。郡国：郡与国，二者是同级地方行政单位。秦行郡县制度，汉承秦制，同时又分封同姓诸国。国分封诸王、侯，封王之国称王国，封侯之国称侯国。南北朝仍沿郡、国并置之制，至隋始废国存郡。此处郡国指郡级行政单位。

⑤使下得施其功：使用下属让他们发挥才干。

⑥急小之人：性情急躁气度狭小的人。

⑦百里：指一县。

⑧异体之大小：物体大小的差异。

【译文】

有人说："人才能任高级职务不能任低级职务，就像煮牛的鼎不能用来烹鸡一样。"我认为这个形容是不对的。才能成为一个词，已经形成了一个专门的术语。怎么能有可以担任高级职务的人才没有担任低级职务的人才呢？凡是人们所说的能担任高级职务不能担任低级职务，是从性情有宽缓有急狭的意义上说的。性情有宽缓有急狭，所以其任职应该有高有低。宽缓的人，适合于治理郡国，这样的人能够使用下属让他们发挥才干，而自己总揽全局完成郡国长官的职责。性情急躁气度狭小的人，适合于治理一个县，使各种事物都由自己亲自完成。然而一个郡和一个县，只是区域的大小不同而已。从实际治理与性情宽急关系的角度去论说，则应当说适宜治理地方大小的差别，不应当说能治理大地方不能治理小地方。至于鸡和牛的关系，也是物体大小的区别，所以鼎也应该有大有小。如果鼎能够用来煮牛，那么难道不能用来煮鸡吗？所以能够治理大郡的人，也能够治理小郡。因此也可以推而论之，人才各有其适宜担当的职位，不能只用大小高低去概括。

　　夫人材不同，能各有异。有自任之能①；有立法使人从之之能；有消息辨护之能②；有德教师人之能③；有行事使人谴让之能④；有司察纠摘之能⑤；有权奇之能⑥；有威猛之能。

【注释】

①自任：自我修养洁身自好。刘昺在解释这句话时说："修己洁身，总御百官。"

②消息：变化。此指在变化中周旋自如。辨护：治理修护。此指用智谋权术治理修护政事及制度。刘昺在解释这句话时说："智意辨护，周旋得节。"

③师人：让人效法。

④行事：出使之事。使人：使节。谴让：谴责，责备。

⑤司察：督察。刘昺注："督察是非，无不区别。"纠摘：检举揭发。

⑥权奇：用奇谋妙计建立功业。刘昺在解释这句话时说："务以奇计，成事立功。"

【译文】

人才各有不同，才能也各有其异。有的人才有自我修养洁身自好的才能；有的人才有建立法律制度使人服从的才能；有的人才有在变化中周旋自如，用智谋权术治理修护政事的才能；有的人才有以德教人让人效法的才能；有的人才有充任使节对别国进行谴责的才能；有的人才有督察是非检举揭发的才能；有的人才有用奇谋妙计建功立业的才能；有的人才有勇猛刚毅震慑敌国的才能。

夫能出于材，材不同量。材能既殊，任政亦

异。是故自任之能，清节之材也。故在朝也，则冢宰之任，为国则矫直之政①。立法之能，治家之材也②。故在朝也，则司寇之任，为国则公正之政。计策之能，术家之材也。故在朝也，则三孤之任，为国则变化之政。人事之能，智意之材也。故在朝也，则冢宰之佐，为国则谐合之政③。行事之能，谴让之材也。故在朝也，则司寇之佐，为国则督责之政。权奇之能，伎俩之材也。故在朝也，则司空之任，为国则艺事之政④。司察之能，臧否之材也。故在朝也，则师氏之佐，为国则刻削之政⑤。威猛之能，豪杰之材也。故在朝也，则将帅之任，为国则严厉之政。

【注释】

①矫直：矫正弯曲使之变直。此指矫正邪僻，使归正直。

②治家：本书《流业第三》中有"法家之材，司寇之任也"的句子。这里的"治家"，也有"司寇之任"。可见这里的"治家"应为"法家"。

③谐合：和谐，和睦。

④艺事：技艺。《尚书·胤征》："官师相规，工执艺事以谏。"孔安国传："百工各执其所治技艺以谏。"

⑤刻削：苛刻严酷。

【译文】

人的能力出自于才智，才智又有大小的不同。人的才能既然有大小的不同，其所承担的国家的政事也有所差异。

所以具备修身自好能力的人，是清节家之才。所以他在朝廷，则会担任冢宰，治理国家则实行矫正邪僻提倡正直的政治。具有建立法律制度使人遵守法律能力的人，是法家之才。所以他在朝廷，则会担任司寇，治理国家则会实行公正无私的政治。具有谋划奇计妙策能力的人，是术家之才。所以他在朝廷，则会担任三孤，治理国家则会实行灵活顺势的政治。具有通晓人情事理才能的人，是智意之才。所以他在朝廷，则会担任冢宰的副手，治理国家则会实行和谐融洽的政治。具有使节才能的人，是谴让之才。所以他在朝廷，则会担任司寇的副手，治理国家则会实行督察问责的政治。具有奇思妙想能力的人，是伎俩之才。所以他在朝廷，则会担任司空，治理国家则会实行推崇技艺的政治。具有监察检举能力的人，是臧否之才。所以他在朝廷，则会担任师氏副手，治理国家则会实行苛刻严酷的政治。具备威武勇猛能力的人，是豪杰之才。所以他在朝廷，则会担任将帅，治理国家则会实行严肃厉害的政治。

凡偏材之人，皆一味之美。故长于办一官，而短于为一国。何者？夫一官之任，以一味协五味①。一国之政，以无味和五味②。又国有俗化③，民有剧易④，而人材不同，故政有得失。是以王化之政宜于统大，以之治小，则迂⑤。辨护之政宜于治烦⑥，以之治易⑦，则无易。策术之政宜于治难，以之治平，则无奇。矫抗之政⑧，宜于治侈，以之治弊⑨，则残⑩。谐和之政宜于治新，以之治旧，则虚⑪。公刻之政宜于纠奸，以之治边，则失众。威猛之政宜于讨乱，以之治善，则暴⑫。伎俩之政宜于治富，以之治贫，则劳而下困⑬。故量能授官⑭，不可不审也⑮。凡此之能，皆偏材之人也。故或能言而不能行，或能行而不能言。至于国体之人，能言能行，故为众材之隽也。

【注释】

① 以一味协五味：官员各司其职，合力获得治国成就。刘昺解释这句话时说：“盐人调盐，醋人调醋，则五味成矣。譬梓里治材，土官治墙，则厦屋成。”

② 以无味和五味：国君用具有普遍意义的方法，调动百官的能动性。刘昺在解释这句话时说：“水以无味，故五味得其和。犹君体平淡，则百官施其用。”

③ 俗化：习俗教化。

④ 剧易：激烈平和。

⑤ 迂：不合时宜，不切实际。

⑥ 烦：烦乱。刘昺在解释这句话时说：“事皆辨护，烦乱乃理。”

⑦ 易：安定，平安。

⑧ 矫抗：与众违异，以示高尚。三国魏嵇康《卜疑集》：“尊严其容，高自矫抗。”

⑨ 弊：弊病。此指民俗之弊。

⑩ 残：此指百姓受到残害。

⑪ 虚：虚假不实。

⑫暴：此指暴政残害百姓。

⑬劳而下困：徒劳无功使百姓困苦不堪。

⑭量能授官：根据才能授予官位。

⑮审：慎重。

【译文】

大凡偏才的人，全都是只有一种特长。所以偏才在一个具体职位上能够发挥其长处，而放在治理国家的重任上则会显出其短处。为什么这样说呢？偏才在一个具体职位上，会和其他的人合力获得治国的成就。而治理国家的重任，则要求用具有普遍意义的方法调动百官的能动性。再有，一个国家中有习俗影响和教育感化的不同，有百姓激烈和平和的不同，而人才的各种能力不同，所以用他们执政就会有得有失。所以实行用王道教化政治的人适合统理国家大政，用他们治理小事，就是不合时宜，不切实际。实行用智谋权术治理修护政治的人适合治理纷乱，让他们治理安定局面，则会失去安定。实行权术谋略政治的人适合治理危难局面，让他们治理常态局面，则不会出现奇迹。实行与众不同政治的人适合治理奢侈，让他们治理民俗的弊端，则会使百姓受到摧残。实行谐和政治的人适合治理新创立的局面，让他们治理旧局面，则会造成虚假不实。实行公正苛刻政治的人适合纠察奸佞狡诈，让他们治理边境地区，就会造成百姓逃亡。实行威慑刚猛政治的人适合讨伐叛乱，让他们治理善良的百姓，就会对百姓残暴不仁。实行推崇技艺政治的人适合治理富足的地区，让他们治理贫瘠的地区，则会徒劳无功使百姓困苦不堪。所以应当根据才能授官，对此不可不谨慎行事。具有以上种种才能的人，都是偏才。有的人能说不能做，有的人能做不能说。至于兼备多种才能的国家栋梁之才，能言能行，所以是众多人才中的杰出人物。

人君之能^①，异于此。故臣以自任为能^②，君以能用人为能。臣以能言为能^③，君以能听为能^④。臣以能行为能^⑤，君以能赏罚为能。所能不同，故能君众材也^⑥。

【注释】

①人君之能：指任用群才的君主，怀有不偏不倚的中庸平淡之心，发挥各种人才的能力。刘昺在解释这句话时说："平淡无为，以任众能。"

②自任：用自己的能力去建功立业，取得官爵。刘昺在解释这句话时说："竭力致功，以取爵位。"

③臣以能言为能：臣子以能介绍自己的才能为长处。刘昺在解释这句话时说："各言其能，而受其官。"

④君以能听为能：君主以能听臣下之言观臣下之行为长处。刘昺在解释这句话时说："听言观行，而授其官。"

⑤臣以能行为能：臣子以能实践自己所说为长处。

⑥君：统辖，主宰。

【译文】

君主的能力，与上述所说不同。所以臣子以用自己的能力去建功立业为长处，君主以任用贤才发挥他们的能力为长处。臣子以能介绍自己的才能为长处，君主以能听臣下之言观臣下之行为长处。臣子以能实践自己所说为长处，君主以能对人才功过进行赏罚为长处。臣子与君主的长处不同，所以君主能统辖驾驭众多的人才。

利害第六

　　本章把清节家、法家、术家、智意家、臧否家、伎俩家六类具体人才作为研究对象，分析了他们各自的长处和短处，他们被任用前的表现和被任用后的作用，他们所进行的事业顺利程度与所遇的阻碍，他们的最终结果，等等。

盖人业之流，各有利害。夫节清之业著于仪容①，发于德行，未用而章，其道顺而有化。故其未达也，为众人之所进②；既达也，为上下之所敬。其功足以激浊扬清③，师范僚友。其为业也无弊而常显，故为世之所贵。

【注释】

①节清：《墨海金壶·人物志》、《龙谿精舍丛书·人物志》均为"清节"。

②为：被。

③激浊扬清：本指冲去污水，浮起清水。后用以喻斥恶奖善。

【译文】

各种人才功业的流变过程中，都表现出长处和短处。清节家的功业表现在行为举止上，而这些举止都是来自自身的道德品行，这些道德品行在他们未被任用之前就十分明显，他们的道德顺应人心而具有教化功能。所以当他们没有显达的时候，就被众人所举荐；显达之后，被上下所敬仰。他们的作用足以扬善抑恶，成为同僚友人的典范。他们所进行的事业没有什么弊病反而功德显赫，所以被世人所敬重。

法家之业，本于制度，待乎成功而效①。其道前苦而后治②，严而为众。故其未达也，为众人之所忌。已试也③，为上下之所惮④。其功足以立法成治，其弊也为群枉之所仇⑤。其为业也，有敝而不常用⑥，故功大而不终⑦。

【注释】

①待乎成功而效：等到成功以后才能见到功效。刘昺在解释这句话时说："法以禁奸，奸止乃效。"

②前苦而后治：开始建立威严的时候有个艰苦的过程，威严建立后才收到治理的效果。刘昺在解释这句话时说："初布威严，是以劳苦。终以道化，是以民治。"

③试：任用。《诗经·小雅·大东》："私人之子，百僚是试。"毛亨传："是试，用于百官也。"

④惮：畏惧。

⑤枉：弯曲，不正。引申为不合正道邪僻之人。

⑥敝：丢弃，弃置。《礼记·郊特牲》："冠而敝之可也。"陆德明《释文》："敝，弃也。"刘昺在解释这句话时说："明君乃能用之强，明不继世，故法不常用。"意思是法家只被明君所用，但明君不常有，所以法家也不被常用。

⑦终：善终，好的结果。

【译文】

法家的功业，以建立国家的法律制度为其根本，等到成功以后才能见到他的功效。法家开始建立威严的时候有个艰苦的过程，威严建立后才可收到治理的效果，法家建立威严是为了对付大众。所以他未显达的时候，被众人所忌恨。被任用以后，上下之人都会对他产生畏惧。法家的作用足以建立法律的威严成就国家的治理，他的短处是被众多的邪僻之人所憎恨。他们所进行的事业，有时被搁置而不被常用，所以往往功大却不能善终。

术家之业，出于聪思，待于谋得而章①。其道先微而后著②，精而且玄。其未达也，为众人之所不识。其用也，为明主之所珍。其功足以运筹通变③。其退也④，藏于隐微⑤。其为业也，奇而希用⑥，故或沉微而不章⑦。

【注释】

①谋得而章：谋略成功以后作用才得以彰显。得，成功。《韩非子·外储说右下》："苏代为秦使燕，见无益子之，则必不得事而还，贡赐又不出，于是见燕王及誉齐王。"

②道：政治主张或思想体系。《论语·卫灵公》："道不同，不相为谋。"

③运筹通变：筹划谋略通达变化。

④退：退位，离开职位。

⑤藏于隐微：指计谋和谋略的深藏不露。刘昺在解释这句话时说："计出微密，是以不露。"

⑥希：稀少。

⑦沉微：深藏。

【译文】

术家的功业，以聪明敏锐思虑深远为其根本，等待谋略成功以后作用才得以彰显。他的思想体系有一个从隐微到显著的过程，精妙而且玄远。他没显达的时候，不被众人所认识。他发挥作用的时候，又被英明的君主所珍爱。他的作用足以筹划谋略通达变化。他离开职位的时候，计谋和谋略便深藏不露。他所从事的事业，因神奇而很少被人所用，所以有的人便深藏而不显露。

智意之业，本于原度①，其道顺而不忤②。故其未达也，为众人之所容矣。已达也，为宠爱之所嘉③。其功足以赞明计虑，其敝也，知进而不退，或离正以自全。其为业也，谞而难持④，故或先利而后害。

【注释】

①原度：追溯源头揣度变化。

②忤：违逆，抵触。

③嘉：喜欢，嘉许。

④谞（xū）而难持：传授运用才智而难以自保。谞，才智。

【译文】

智意家的功业，以追溯源头揣度变化为其根本，他的这套方法顺合时宜而不与之抵触。所以他还没显达的时候，就已经被众人所接受。当他显达以后，又被宠爱他的人所喜欢。他的作用足以帮助贤明的君主制定策略，他的毛病，在于只知进身而不知道引退，有的时候还离开正道以保全

自己。他所从事的事业，是运用才智但难以自保，所以有
的人开始获利而后来却招致祸害。

臧否之业，本乎是非，其道廉而且砭^①。故其
未达也，为众人之所识。已达也，为众人之所称^②。
其功足以变察是非^③，其敝也，为诋诃之所怨^④。其
为业也，峭而不裕^⑤，故或先得而后离众。

【注释】

① 砭：用石针刺穴治病。引申为批评。

② 称：称誉。

③ 变：通"辨"。《商君书·禁使》："夫物至则目不得
不见，言薄则耳不得不闻；故物至则变，言至则
论。"蒋礼鸿《锥指》："变、辨字通。"

④ 诋诃：诋毁，指责。此指诋毁臧否的人。刘昞在解
释这句话时说："诋诃之徒，不乐闻过。"怨：恨。

⑤ 峭而不裕：严厉苛刻不能宽容。刘昞在解释这句话
时说："峭察于物，何能宽裕？"

【译文】

臧否家的功业，以评判是非为其根本，他主张自身的
廉洁而去批评别人的错误。所以他没有显达的时候，就被
众人所认识。当他显达的时候，就被众人所称誉。他的作
用足以明辨是非曲直，他的不利之处，就是被那些诋毁者
所痛恨。他所从事的事业，严厉苛刻而不能宽容，所以开
始的时候能够取得众人的支持而最后却离众人越来越远。

伎俩之业，本于事能①，其道辨而且速②。其未达也，为众人之所异③。已达也，为官司之所任④。其功足以理烦纠邪，其敝也，民劳而下困。其为业也，细而不泰⑤，故为治之末也。

【注释】

①能：技能。

②辨："办"的古字。

③为众人之所异：被众人视为技能突出。刘昺在解释这句话时说："技能出众，故虽微而显。"

④官司：官府。多指政府的主管部门。晋葛洪《抱朴子·酒诫》："人有醉者相杀，牧伯因此辄有酒禁，严令重申，官司搜索。"

⑤泰：大。《尚书·泰誓上》孔安国解释"泰誓"说："大会以誓众。"孔颖达疏："经云'大会于孟津'，知名曰'泰誓'者，其大会以示众也。"

【译文】

伎俩家的功业，以从事技能性的工作为其根本，他主张通过技巧不但把事办成而且还要迅速。当他没有显达的时候，就被众人看作技能突出的人。显达之后，就被政府的主管部门所任用。他的作用足以处理纷繁的事务匡正邪僻，他的弊端，在于使民众疲弊下属困顿。他所从事的事业，细小而不宏大，所以是治国之术的细枝末节。

接识第七

　　接识就是通过与别人接触交往识别人才。在这个过程中，也容易发生种种偏颇。有的人只能以自己的观点和标准去观察和衡量别人，所以只能认识和自己同类人才，认识不到与自己不同类人才的长处。要想广泛地认识人才，第一要摒弃自己固有的观点和标准，尽可能多地发现与自己不同类人才的长处。第二要经过长时间的观察。第三要避免偏才之人在与人接触时所容易犯的种种过失。

　　夫人初甚难知，而士无众寡皆自以为知人。故以己观人，则以为可知也。观人之察人，则以为不识也。夫何哉？是故能识同体之善①，而或失异量之美②。何以论其然③？夫清节之人以正直为度，故其历众材也④，能识性行之常⑤，而或疑法术之诡。法制之人以分数为度⑥，故能识较方直之量⑦，而不贵变化之术。术谋之人以思谟为度⑧，故能成策略之奇，而不识遵法之良。器能之人以辨护为度，故能识方略之规，而不知制度之原⑨。智意之人以原意为度⑩，故能识韬谞之权，而不贵法教之常。伎俩之人以邀功为度⑪，故能识进趣之功⑫，而不通道德之化。臧否之人以伺察为度⑬，故能识诃砭之明，而不畅倜傥之异⑭。言语之人以辨析为度，故能识捷给之惠⑮，而不知含章之美⑯。

【注释】

①能识同体之善：能够认识同类人才的长处。刘昺在解释这句话时说："性长思谋，则善策略之士。"

②或失异量之美：有时认识不到不同类人才的长处。刘昺在解释这句话时说："遵法者虽美，乃思谋之所不取。"或，有时。

③然：这样，如此。

④历：经历，阅历。此引申为观察、审视之意。

⑤性行之常：性情行为恒常不变。刘昺在解释这句话时说："度在正直，故悦有恒之人。"

⑥分数：法度，规范。《三国志·魏书·刘劭传》："文学之士嘉其推步详密，法理之士明其分数精比。"刘昺在解释这句话时说："度在法分。"意思说，各种尺度是由法律划分的。

⑦识较方直之量：认识比较出方直之人的才能。量，才能。《三国志·蜀书·诸葛亮传》："时左将军刘备以亮有殊量，乃三顾亮于草庐之中。"

⑧谟（mó）：谋略，计谋。

⑨原：本源，根本。

⑩原意：探究别人的本意。原，推究，考究，研究。《荀子·儒效》："俄而原仁义，分是非，图回天下于掌上而辨白黑，岂不愚而知矣哉！"

⑪邀功：求取功劳。

⑫进趣：追求，求取。《后汉书·韦彪传》："安贫乐道，恬于进趣，三辅诸儒莫不慕仰之。"

⑬伺察：侦查，观察。

⑭畅：长。《诗经·秦风·小戎》："文茵畅毂，驾我骐馵。"毛传："畅毂，长毂也。"孔颖达疏："畅训为长，言长于大车之毂也。"此指"以……为长"。

⑮捷给之惠：言辞敏捷反应迅速的聪慧表现。惠，通"慧"，聪慧。《晏子春秋·外篇》："夫智与惠，君子之事，臣奚足以知之乎？"

⑯含章：包含美质。《周易·坤》："六三，含章可贞。"孔颖达疏："章，美也。"

【译文】

人的性情的深处是很难知晓的，而读书人不论自己知识多少都认为自己有知人之明。所以看自己对人才的观察，则认为自己能够识别人才。看别人对人才的观察，则认为他不能够识别人才。这是为什么呢？这是因为人能够认识同类人才的长处，有时却认识不到不同类人才的长处。为什么这样说呢？清节之人用清正方直作为衡量他人的标准，所以当他审视众多的人才时，能够认识性情行为恒常不变的长处，而有时却对方略计谋的欺诈产生疑惑。法制之人以法律规范作为衡量他人的标准，所以他能够认识比较出方正耿直之人的才能，而不看重变化多端的谋略之术。术谋之人以深思熟虑谋划计略为衡量他人的标准，所以他能够评定计策方略的奇妙，而不能认识遵守法度的好处。器能之人以用智谋权术治理政事为标准，所以能够认识方略的规定，而不知道制度的根本作用。智意之人以探究符合别人的本意为衡量他人的标准，所以能认识隐藏机谋的权术，而不看重常规的法制教化。伎俩之人以求取功劳作为衡量他人的标准，所以能认识追求进取的作用，却不通晓道德的教化作用。臧否之人以观察别人的短处为衡量他人的标准，所以能够认识指责批评的好处，却不以卓异突出不同寻常为长处。言语之人以辨别分析为衡量他人的标准，所以能认识言辞敏捷反应迅速的聪慧表现，而不知道美质在内的好处。

是以互相非驳^①，莫肯相是^②。取同体也，则接论而相得③。取异体也，虽历久而不知。凡此之类，皆谓一流之材也④。若二至已上⑤，亦随其所兼，以及异数⑥。故一流之人，能识一流之善。二流之人，能识二流之美。尽有诸流，则亦能兼达众材。故兼材之人与国体同。

【注释】

①是以：所以。非驳：非难反驳。

②是：肯定。

③相得：彼此投合。

④一流之材：同一类的人才。刘昺在解释这句话时说："故同体则亲，异体则疏。"

⑤二至已上：两个标准以上。至，准则，标准。已，同"以"。

⑥异数：等次不同，程度不一。《左传·庄公十八年》："王命诸侯，名位不同，礼亦异数。"

【译文】

所以互相非难反驳，没有人肯定对方。遇到与自己同类的人才，则讨论的时候观点彼此投合。遇到和自己不同类的人才，则尽管在很长的时间内也互不相知。凡是以上所说，都可以称作只与同一类人才相通。如果通两种人才以上，也就随着他所兼备的才能，达到不同的等级。所以只与同一类人才相通的人，只能认识一类人才的长处。与两类人才相通的人，就能认识两类人才的长处。与所有类别人才相通的人，就能够同时通晓众多人才的长处。所以兼才之人与国体之才是一样的。

　　欲观其一隅①，则终朝足以识之②。将究其详，则三日而后足。何谓三日而后足？夫国体之人兼有三材，故谈不三日不足以尽之③。一以论道德，二以论法制，三以论策术，然后乃能竭其所长，而举之不疑。

【注释】

①隅：墙角。此指方面。

②终朝：早晨。《诗经·小雅·采绿》："终朝采绿，不盈一匊。"毛传："自旦及食时为终朝。"

③尽：全部。

【译文】

　　要观察他一个方面，那么一个早晨就足以知道了。如果要深究其详，那么要三天以后才可以完成。为什么说三天以后才能完成？国体之人同时具备三种人才的特点，所以不与他谈论三天就不足以完全了解他。三天时间里用一天与之谈论道德，第二天与之谈论法制，第三天与之谈论谋略之术，然后才能彻底地了解他的长处，从而在提拔任用他的时候没有任何疑虑。

　　然则何以知其兼偏①，而与之言乎？其为人也，务以流数杼人之所长而为之名目②，如是兼也。如陈以美欲人称之③，不欲知人之所有，如是者偏也。

不欲知人，则言无不疑。是故以深说浅，益深益异④。异则相返⑤，反则相非。是故多陈处直⑥，则以为见美⑦。静听不言，则以为虚空。抗为高谈⑧，则以为不逊。逊让不尽⑨，则以为浅陋。言称一善，则以为不博。历发众奇⑩，则以为多端。先意而言，则以为分美⑪。因失难之，则以为不喻⑫。说以对反，则以为较己⑬。博以异杂，则以为无要⑭。论以同体，然后乃悦。于是乎有亲爱之情，称举之誉，此偏材之常失。

【注释】

①兼偏：兼才和偏才。

②流数：各类人才所怀有的才能。数，技艺，技巧。《孟子·告子上》："今夫弈之为数，小数也。"赵岐注："数，技也。"此指才能。杼：通"抒"，抒发，申述。名目：称道，标榜。《三国志·魏书·王粲传论》："同声相应，才士并出，惟粲等六人，最见名目。"

③陈以美欲人称之：陈说自己的长处让别人称赞自己。刘昺在解释这句话时说："己之有善，因事自说，又欲令人言常称己。"

④益深益异：道理谈得越深分歧越大。益，越，更加。

⑤相返：相反。

⑥多陈处直：过多地陈说自己处事公正有理。直，公正，有理。

⑦见美：表现自己的长处。见，"现"的古字。

⑧抗：声音高亢。

⑨逊让不尽：谦虚礼让不全部使出本领。尽，全部使出。《战国策·秦策一》：“然而甲兵顿，士民病……伯王之名不成，此无异故，谋臣皆不尽其忠也。”

⑩历发众奇：普遍地揭示众家的奇特之处。历，遍。汉王褒《四子讲德论》：“于是相与结侣，携手俱游，求贤索友，历于西州。”

⑪分美：掠美。此指掠己之美。

⑫不喻：不高兴，不愉快。刘昺在解释这句话时说：“欲补其失，反不喻也。”喻，同“愉”，欢愉，愉快。《庄子·齐物论》：“昔者庄周梦为胡蝶，栩栩然胡蝶也，自喻适志与。”陆德明《释文》引李颐云：“喻，快也。”

⑬较：较量，比高低。

⑭无要：没有要领。

【译文】

然而怎样才知道他是兼才还是偏才，而去和他交谈呢？如果他的为人，致力于根据各类人才所怀技能去申述他的长处，进行称赞标榜，这就是兼才。如果他陈说自己的长处让别人称赞自己，不想知道别人有什么长处，像这样的人就是偏才。不想知道别人的长处，就会对别人说的话处处怀疑。所以用深的道理说服肤浅的人，道理越深分歧越大。有分歧就会观点相反，观点相反就会互相非难。如果过多地陈说自己处事公正有理，就会被认为在表现自己的长处。如果静静倾听不说话，就会被认为内中空虚没有知识。如果声音高亢高谈阔论，就会被认为不懂得谦逊。如果谦虚礼让不拿出全部本领，就会被认为肤浅鄙陋。如果只称赞某一家的长处，就会被认为知识不广博。如果普遍地揭示众家的奇特之处，就会被认为头绪繁多。如果提前把自己所想的说出来，就会被认为要掠自己之美。如果要弥补别人观点的不足，就会被认为这样是要让自己不高兴。如果提出相反的观点，就会被认为他是在和自己比高低。如果论说博采各家不同的观点，就会被认为论说不得要领。只有在与自己同类的人谈话，才可以高兴愉悦。于是就产生了亲近关爱之情，称赞提拔之誉。这些都是偏才常有的过失。

英雄第八

　　本章是对英雄的分析。所谓英雄，就是文武才干出众的人，在他身上既有英才，又有雄才。所谓英才，即指其聪明才智；所谓雄才，即指其气魄胆力。英雄身上，英才和雄才哪一样都不能少，只有英才没有雄才或只有雄才没有英才都不能成为英雄。前者只能担任宰相，后者只能担任将军，二者兼具，才能够成为成就大业的英雄。

夫草之精秀者为英①，兽之特群者为雄②。故人之文武茂异③，取名于此。是故聪明秀出谓之英④，胆力过人谓之雄，此其大体之别名也。若校其分数⑤，则互相须，各以二分⑥，取彼一分，然后乃成。

【注释】

①精秀：完美优异。

②特：杰出，异常。

③茂异：出众。

④秀出：美好特出。《国语·齐语》："于子之乡，有拳勇股肱之力，秀出于众者，有则以告，有而不以告，谓之蔽贤。"

⑤校其分数：考查他们的比例。校，考查，算计。分数，比例。

⑥二分：分成两部分。

【译文】

　　花草中完美优异的称为英，野兽中出群的称为雄。所以文武才干出群的人，从此中取名为英雄。所以特别聪明秀出的人称为英，胆力过人的人称为雄，这是名称大体上的区别。如果考察它们的比例，则二者互相须要，各自分为两部分，互相取一部分，然后才成为英雄。

　　何以论其然①？夫聪明者英之分也，不得雄之胆，则说不行②。胆力者雄之分也，不得英之智，则事不立。是故英以其聪谋始，以其明见机③，待雄之胆行之。雄以其力服众，以其勇排难，待英之智成之。然后乃能各济其所长也④。若聪能谋始，而明不见机，乃可以坐论⑤，而不可以处事。若聪能谋始，明能见机，而勇不能行，可以循常⑥，而不可以虑变⑦。若力能过人，而勇不能行，可以为力人⑧，未可以为先登⑨。力能过人，勇能行之，而智不能断事，可以为先登，未足以为将帅。必聪能谋始，明能见机，胆能决之，然后可以为英，张良是也。气力过人，勇能行之，智足断事，乃可以为雄，韩信是也。体分不同⑩，以多为目⑪，故英、雄异名。然皆偏至之材，人臣之任也。故英可以为相，雄可以为将，若一人之身兼有英、雄，则能长世，高祖、项羽是也⑫。

【注释】

①然：这样。

②说：主张，学说。

③见机：识机微，从事物细微的变化中预见其先兆。

④济：发挥。

⑤坐论：坐而论道。

⑥循常：遵循常规。

⑦虑变：思虑变化。

⑧力人：力气大的人。《左传·宣公十五年》："魏颗败秦师于辅氏，获杜回，秦之力人也。"

⑨先登：先锋。《后汉书·段颎传》："追讨南度河，使

军吏田晏、夏育募先登。"

⑩体分：秉赋和素质。

⑪以多为目：以所含较多的秉赋和素质为名
称。目，名称。《后汉书·酷吏·王吉传》："凡杀人皆磔尸车上，
随其罪目，宣示属县。"李贤注："目，罪名也。"

⑫高祖：即刘邦，庙号太祖，又称高皇帝。字季，泗
水沛县（今江苏境内）人，曾任亭长。秦末率众起
义，称沛公。乘项羽与秦军主力决战之机，率先进
入关中，攻占秦都咸阳，与关中父老约法三章，深
得民心。项羽入关后，被封为汉王，进驻汉中。后
率兵东进，与项羽进行长达四年多的楚汉战争，最
后消灭项羽，建立汉朝。在位期间减轻徭役，发展
经济。政治上剪除异姓诸侯王，分封同姓王。豁达
大度，知人善任，是西汉王朝的开国皇帝。项羽：
即项籍，秦末下相（今江苏宿迁西南）人，战国末
年楚国名将项燕后裔。从叔父项梁居吴，心怀反秦
大志。秦末与叔父率兵起义，在巨鹿破釜沉舟，与
秦军主力展开大战，坑杀秦降卒二十万。后率军入
关，兵屠咸阳，杀秦降王子婴，焚毁秦宫殿。自立
为西楚霸王，分封诸侯。不久诸侯纷纷起兵，与刘
邦一起反楚。最后在垓下被刘邦军打败，突围至乌
江自刎而死。

【译文】

为什么这么说呢？聪明是英才所具有的素质成分，但
得不到雄才的胆力，则他的理论和主张就不能付诸实践。

胆力是雄才所具有的素质成分，但得不到英才的智慧，则事情就办不成。所以英才以其聪明谋划开始，以其明智识机微预世事，还需要有雄才的胆力去实践。雄才用他的力量征服众人，用他的勇气排除困难，还要有英才的智谋才能成功。这样才能够各自发挥他们的长处。如果一个人以聪明能谋划开始，而其明智不足以从事物细微的变化中预见其先兆，这样的人可以用他来坐而论道，却不可以用他去办事。如果一个人以聪明能谋划开始，明智也能识机微预世事，但没有勇气去实践，这样的人可以用他做常规的事，而不能用他思虑变化。如果一个人力量超人，而没有行动的勇气，这样的人可以把他作为大力士，却不可以用他做先锋。如果一个人有超人的力气，也有行动的勇气，但没有处理事务的智慧，这样的人可以用他做先锋，却不可任他为将帅。一定要以聪明能谋划开始，明智能识机微预世事，胆力能决断事务，这样的人可以称为英才，张良就是这样的人。气力过人，有实践的勇气，有足以决断事务的智谋，才可以称为雄才，韩信就是这样的人。人们所具有的禀赋和素质不同，以所含较多的秉赋和素质为名称，所以有英才和雄才名称的不同。然而他们都是偏至之才，只能担当人臣之任。所以英才可以任宰相，雄才可以任将军，如果一个人同时兼有英才和雄才的素质，就能够称雄于世，高祖刘邦、楚霸王项羽就是这样的人。

　　然英之分以多于雄，而英不可以少也。英分少，则智者去之。故项羽气力盖世，明能合变①，而不能听采奇异，有一范增不用②，是以陈平之徒皆亡归。高祖英分多，故群雄服之，英材归之，两得其用。故能吞秦破楚，宅有天下③。然则英、雄多少④，能自胜之数也⑤。徒英而不雄，则雄材不服也。徒雄而不英，则智者不归往也。故雄能得雄，不能得英。英能得英，不能得雄。故一人之身，兼有英、雄，乃能役英与雄。能役英与雄，故能成大业也。

【注释】

①合变：与变化合拍，即随机应变。

②范增：秦末居巢（今安徽桐城南）人，参加项梁反秦武装，主张立楚国后裔以为号召，随宋义、项羽救赵，被项羽尊为"亚父"，封历阳侯，为项羽重要谋士。破秦后，力主杀掉刘邦，不被采纳。后与项羽谋议封刘邦为汉王，以削弱其势。楚汉相争中，劝项羽不受刘邦请和，急攻荥阳以灭之。后因刘邦施反间计为项羽所疑，被削职夺权，死于归乡途中。

③宅有天下：把天下作为自己的家，即具有天下。

④英、雄多少：英才的素质与成分和雄才的素质与成分的多少。

⑤自胜之数：决定取胜的数量。自，由来，缘由。《中庸》："知远之近，知风之自，知微之显，可与入德矣。"郑玄注："自，谓所从来也。"

【译文】

　　然而英才的素质与成分可以多于雄才的素质与成分，但英才的素质与成分是不可以缺少的。缺少英才成分，则智者会离开他。所以项羽气力盖世，有随机应变的明智，但不能听取采纳奇计妙策，有一个范增而不能用，所以陈平等人全都脱离他而归顺刘邦。高祖刘邦英才的成分多，所以群雄都服膺他，英才也归顺他，两种人都能够发挥作用。所以刘邦能够灭秦破楚，具有天下。这就说明英才的素质与成分和雄才的素质与成分的多少是决定能否取胜的数量。只有英才素质而没有雄才成分，则雄才不会服膺他。只有雄才素质而没有英才成分，则智者也不会归顺他。所以雄才之人可以得到雄才，不能得到英才。英才之人可以得到英才，不能得到雄才。所以一个人的身上，兼有英才和雄才的素质与成分，才能够役使英才与雄才。能够役使英才与雄才，所以能成就大业。

卷 下

八观第九

　　所谓八观，即观察人才的八种方法：一、观其夺救以明间杂；二、观其感变以审常度；三、观其志质以知其名；四、观其所由以辨依似；五、观其爱敬以知通塞；六、观其情机以辨恕惑；七、观其所短以知其长；八、观其聪明以知所达。本章对这八种方法进行了详尽的分析和说明。

　　八观者，一曰观其夺救^①，以明间杂^②。二曰观其感变^③，以审常度。三曰观其志质^④，以知其名^⑤。四曰观其所由，以辨依似^⑥。五曰观其爱敬，以知通塞^⑦。六曰观其情机^⑧，以辨恕惑^⑨。七曰观其所短，以知其长。八曰观其聪明，以知所达^⑩。

【注释】

①夺救：在救恤别人时所表现的一面。夺，压倒，胜过。即压倒救助别人想法的另一面。刘昞在解释这句话时说："或慈欲济恤而吝夺其仁，或救济广厚而乞醢为惠。"意思说，有的人有慈善的欲望但吝啬压倒了他的慈善，有的人想广泛救济而向人讨要水醋去进行布施。

②间杂：复杂。

③感变：对外界变化的感应。

④志质：素质及外在表现。

⑤名：此指社会名声。

⑥依似：近似。

⑦通塞：畅通和阻塞。此指人情的通塞。

⑧情机：情感变化的缘起。机，事物变化之所由。《大学》："一家仁，一国兴仁；一家让，一国兴让；一人贪戾，一国作乱：其机如此。"郑玄注："机，发动所由也。"

⑨恕惑：宽宥和疑惑。刘昞在解释这句话时说："得其所欲则恕，违其所欲则惑。"

⑩达：此指所成就的事业。

【译文】

八观，第一为观察他在救恤别人时所表现的另一面，以此来了解其品质的复杂。第二为观察他对外界变化的感应，以此来明白他平常处世的态度。第三为观察他的素质及外在表现，以此来知道他将获得的社会名声。第四为观察他行为表现的缘起，以此来辨别两种近似行为的区别。第五为观察他对爱和敬的态度，以此知道他与别人情感交流方面是通畅还是阻塞。第六为观察他的情感变化的缘起，以此知道他为什么对别人宽宥和疑惑。第七为观察他的短处，以此知道他的长处。第八为观察他的聪明程度，以此知道他将能成就的事业。

何谓观其夺救，以明间杂？夫质有至、有违①，若至胜违，则恶情夺正，若然而不然②。故仁出于慈，有慈而不仁者。仁必有恤，有仁而不恤者。厉必有刚③，有厉而不刚者。若夫见可怜则流涕，将分与则吝啬，是慈而不仁者。睹危急则恻隐，将赴救则畏患，是仁而不恤者。处虚义则色厉，顾利欲则内荏④，是厉而不刚者。然则慈而不仁者，则吝夺之也。仁而不恤者，则惧夺之也。厉而不刚者，则欲夺之也。故曰：慈不能胜吝，无必其能仁也⑤。仁不能胜惧，无必其能恤也。厉不能胜欲，无必其能刚也。是故不仁之质胜，则伎力为害器⑥。贪悖之性胜⑦，则强猛为祸梯。亦有善情救恶，不至为害，爱惠分笃⑧，虽傲狎不离⑨，助善著明⑩，虽疾恶无害也。救济过厚，虽取人，不贪也⑪。是故观其夺救，而明间杂之情，可得知也。

【注释】

①至：无欲。违：有欲。刘昺在解释这句话时说："刚质无欲，所以为至。贪情或胜，所以为违。"

②若然而不然：即似是而非。刘昺在解释这句话时说："以欲胜刚，以此似刚而不刚。"

③厉：厉害。

④内荏：内心怯懦。

⑤无必：不一定。

⑥伎力：技艺和能力。

⑦贪悖：贪婪悖谬。

⑧爱惠分笃：仁爱慈惠情分深厚。刘昺在解释这句话时说："平生结交情厚分深。"

⑨傲狎：态度傲慢言语不敬。

⑩著明：显著，明显。

⑪虽取人，不贪也：刘昺在解释这句话时说："取人之物以有救济，虽讥在乞醯，非大贪也。"

【译文】

什么叫做"观其夺救，以明间杂"？人的本质有无欲和有欲两部分，如果无欲多于有欲，就会出现有欲要取代无欲的邪恶情况，形成一种似是而非的现象。所以仁爱出于慈善，但有慈善而不仁爱的现象。仁爱必定包含着救助别人的因素，但有仁爱而不去救助别人的现象。厉害中必定包含着刚强的成分，但有厉害却不刚强的人。例如见到别人可怜就为之流泪，想把自己的东西分给他却又吝啬，这就是慈善而不仁爱。见到别人危急则生恻隐之心，想要去救援却又害怕自己遭难，这就是有仁爱之心却无施救之行。处在虚而不实的道义中则面带严厉，看到关系到个人的私利实则心里懦弱，这就是利害而不刚强。这就说慈善而不仁爱，是由于吝啬的本质压倒了慈善。仁爱而不救助别人，是由于恐惧的本质压倒了仁爱。厉害而不刚强，是由于欲望战胜了刚强。所以说：慈善不能战胜吝啬，不一定能够行仁爱。仁爱不能战胜惧怕遭祸患，不一定能够救助人。厉害不能战胜私欲，不一定表现出刚强。所以人的不仁的本质如果占上风，那么技巧和能力就是有害的东西了。贪婪悖谬之性如果占了上风，那么刚强勇猛就成为致祸的阶梯。也有用慈善的性情救助邪恶的，这种情况也不造成危害。因为仁爱慈惠情分深厚，即使对方态度傲慢言语不敬也不与之分离，救助别人善意明显，即使有过分憎恨邪恶的行为也没有害处。救济别人过于丰厚，即使从别人那里索取东西，也不算贪婪。所以说观察一个人在救助别人时表现的一面，其间复杂的情形可以辨明，"观其夺救，以明间杂"的内含就可以知道了。

何谓观其感变，以审常度？夫人厚貌深情，将欲求之，必观其辞旨①，察其应赞②。夫观其辞旨，犹听音之善丑。察其应赞，犹视知之能否也。故观辞察应，足以互相别识。然则论显扬正③，白也④；不善言应，玄也⑤；经纬玄白⑥，通也；移易无正⑦，杂也⑧；先识未然，圣也；追思玄事，睿也；见事过人⑨，明也；以明为晦，智也；微忽必识⑩，妙也；美妙不昧，疏也⑪；测之益深，实也；假合炫耀⑫，虚也；自见其美，不足也；不伐其能⑬，有余也。故曰：凡事不度⑭，必有其故。忧患之色，乏而且荒⑮。疾疢之色⑯，乱而垢杂。喜色愉然以怿，愠色厉然以扬。妒惑之色，冒昧无常。及其动作，盖并言辞。是故其言甚怿而精色不从者⑰，中有违也。其言有违而精色可信者，辞不敏也⑱。言未发而怒色先见者，意愤溢也。言将发而怒气送之者，强所不然也。凡此之类，征见于外，不可奄违⑲。虽欲违之，精色不从。感愕以明⑳，虽变可知。是故观其感变而常度之情可知。

【注释】

①辞旨：说话的意图。

②察其应赞：观察他的回答是否得当。刘昺在解释这句话时说：“视发言之旨趣，观应和之当否。”

③论显扬正：论说清楚所提倡的正确。刘昺在解释这句话时说：“词显唱正。”

④白：明白。

⑤玄：心里明白。刘昺在解释这句话时说：“默而识之，是曰玄也。”

⑥经纬玄白：言辞上、心里头都明白。经纬，意为规划治理。此指掌握运用。

⑦移易无正：随意变动改变观点，没有正确的理论。刘昺在解释这句话时说："理不一据。"

⑧杂：混杂、不清楚。此指语言和意图。

⑨见事过人：认识事物超过别人。

⑩微忽必识：极细小的事物也能看到。微忽，极言细小，隐约细微。《大戴礼记·文王官人》："微忽之言，久而可复，幽间之行，独而不克，行其亡如其存，曰顺信者也。"

⑪疏：疏朗。

⑫假合炫耀：假借别人的观点来炫耀自己。

⑬不伐其能：不自夸自己的能力。伐，夸耀。

⑭不度：不合常规。此指失常。刘昺在解释这句话时说："色貌失实，必有忧喜之故。"

⑮荒：通"慌"。刘昺在解释这句话时说："忧患在心，故行色慌。"

⑯疾疢（chèn）：泛指疾病。

⑰精色：即神色。

⑱敏：敏捷，迅速。

⑲奄违：掩盖违背。

⑳感愕：感觉和惊讶。此指人们由于内心的感受而表现出的神情。

【译文】

什么叫做"观其感变，以审常度"？人们往往外表表现得很丰富和充分而把真实感情隐藏得很深，如果要了解他们，必须要观察他们说话的意图，观察他们的回答是否得当。观察人们说话的意图，就好像听声音的美丑。观察他们的回答是否得当，就像审视他们智力上是否有能力。所以人们观察说话和反应，完全可以对彼此的能力进行识别。这就是说论说清楚所提倡的正确，是显著的明白；而不善于言辞和回应的，是心里明白；言辞上心里头都明白，是通达事理；随意变动观点没有正确的理论，是言语和意图都不清楚；事物还没形成就先认识到，是圣贤；追求思索深奥玄妙的道理，是智者；认识事物的能力超过别人，是英明；心里明白但常表现出不足，是机智；极细小的事物也能看到，是精妙；对美好奇妙的事物昭然明了，是疏朗；越检测越觉得对方知识渊博，是蕴含富实；假借别人的观点来炫耀自己，是虚伪；自己展现自己的优点和长处，是不足；不自夸自己的能力，是有余。所以说：凡是失常的表现和举动，都是有其内在缘故的。忧患的表情，疲乏而且慌张。疾病的神色，面色杂乱且带有污垢。喜悦的神色欢娱而快乐，怨恨的表情严厉而怒显。嫉妒疑惑的表情，唐突冒昧变化无常。这些情绪都表现在行动和言语当中。所以当一个人嘴上说快乐而神色与其所说不一致时，其中必有相违背的地方。当他的言论违背真实情感而神色可信时，言辞表达往往不够敏捷。当他还没说话却怒色已经表现出来时，说明他的愤怒之情已经难以抑制。当他将要说话而怒气伴随而出时，说明他被迫去做不以为然的事。以上所说的种种情况，都是表征明显外露，不能掩盖。虽然想掩盖真相，但神色并不相顺从。通过人们由于内心的感受而表现出来的神情，即使有所变化也可以知晓其真实的内心。所以说观察他情感的变化就可以知道他的常度之情。

何谓观其至质^①，以知其名？凡偏材之性，二至以上^②，则至质相发，而令名生矣^③。是故骨直气清，则休名生焉^④。气清力劲，则烈名生焉。劲智精理^⑤，则能名生焉。智直强悫^⑥，则任名生焉^⑦。集于端质^⑧，则令德济焉^⑨。加之学，则文理灼焉。是故观其所至之多少，而异名之所生可知也。

【注释】

①至质：即前文所说的志质。

②二至：指本质和气质。刘昞在解释这句话时说："二至，质气之谓也。"

③令名：美好的声誉。《左传·襄公二十四年》："侨闻君子长国家者，非无贿之患，而无令名之难。"

④休名：美好的名声。

⑤劲智精理：智力强劲精通事理。

⑥智直强悫（què）：才智美而真诚。刘昞在解释这句话时说："真而又美。"

⑦任名：可信任的名声。

⑧端质：突出的品质。

⑨令德济焉：美好的品德就形成了。

【译文】

什么叫做"观其至质，以知其名"？大凡偏才的秉性，本质和气质在两种以上，则会互相影响使其凸显，美好的声誉就产生了。所以品质正直气质清正，就会产生美好的名声。气质清正能力强劲，就会产生功业的名声。智力强劲精通事理，就会产生贤能的名声。才智美而真诚，就会产生可以担任责任的名声。这些突出的品质集中在一起，美好的品德就形成了。再加上学习，那么他的文化素养就会熠熠生辉。所以说观察一个人突出的本质和气质的多少，各种各样的名声怎样产生就可以知道了。

何谓观其所由，以辨依似？夫纯讦性违①，不能公正。依讦似直②，以讦讦善。纯宕似流③，不能通道。依宕似通④，行傲过节⑤。故曰：直者亦讦，讦者亦讦，其讦则同，其所以为讦则异。通者亦宕，宕者亦宕，其宕则同，其所以为宕则异。然则何以别之？直而能温者⑥，德也。直而好讦者，偏也。讦而不直者，依也。道而能节者⑦，通也。通而时过者⑧，偏也。宕而不节者，依也。偏之与依，志同质违，所谓似是而非也。是故轻诺，似烈而寡信。多易，似能而无效。进锐⑨，似精而去速。诃者⑩，似察而事烦⑪。讦施⑫，似惠而无成⑬。面从，似忠而退违。此似是而非者也。亦有似非而是者。大权⑭，似奸而有功⑮。大智，似愚而内明。博爱，似虚而实厚。正言，似讦而情忠。夫察似明非⑯，御情之反⑰，有似理讼⑱，其实难别也。非天下之至精，其孰能得其实？故听言信貌，或失其真。诡情御反⑲，或失其贤。贤否之察，实在所依。是故观其所依，而似类之质可知也。

【注释】

①纯讦：专门指责他人的过错。

②依讦似直：出于直率秉性而去指责他人过错。刘昺在解释这句话时说："以直之讦。"

③纯宕：本质气质都放荡不羁。

④依宕：仿佛是放荡。

⑤行傲过节：傲慢不受节制。

⑥直而能温：刚直而能温和。

⑦道而能节：用道义节制自己。刘昺在解释这句话时说："以道自节。"

⑧通而时过：虽然通晓了事理但已时过境迁。刘昺在解释这句话时说："性通时过。"

⑨进锐：进取急切。锐，急切，迫切。《汉书·淮南厉王刘长传》："于是王锐欲发，乃令官奴入宫中，作皇帝玺。"

⑩诃者：大声斥责别人。

⑪似察而事烦：好像明辨事理实际上使事物更加烦乱。

⑫讦施：假意施与。讦，《说文》解释说："诡伪也。"

⑬似惠而无成：好像是在施惠于人实际上并无结果。

⑭大权：掌握朝政的权臣。

⑮似奸而有功：表面看好像奸诈而实际上是有功之臣。刘昺在解释这句话时，引用殷商时伊尹的历史故事说："伊去太甲，以成其功。"

⑯察似明非：审查类似的事而明辨是非。刘昺在解释这句话时说："欲察似类审，则是非御。"

⑰御情之反：用人情反复说明。刘昺在解释这句话时说："取人情反复明之。"

⑱理讼：审理案件。

⑲诡情御反：对什么是虚诈不实的人情把握错了。

【译文】

什么叫"观其所由，以辨依似"？专门指责他人过错的人性情邪恶，不能公正。出于直率秉性去指责他人的过错，也用这种方法对待良善。本质气质都放荡不羁的人好似流水，不能通晓道理。仿佛放荡不羁的人好像通晓道理，但其行为傲慢不受节制。所以说：直率的人也指责别人的过错，专好指责别人的人也指责别人的过错，二者同是指责，但他们指责的行为却不同。通达的人也放荡不羁，放荡的人也放荡不羁，都是放荡不羁，但他们放荡不羁的原因是不同的。然而怎样辨别他们呢？刚直而能温和，是有道德的人。率直而好指责别人，这种行为为偏。好指责别人本性却不直率的，这种行为为依。用道义节制自己，这种行为为通晓事理。虽然通晓了事理但已时过境迁，这种行为为偏。放荡而不节制，这种行为为依。偏和依，表现相同而实质相反，也就是人们所说的似是而非。所以轻易承诺，好像刚直勇决而实质上缺少诚信。常常轻视别人，好像很有能力但却一事无成。进取急切，好像是很精明能干但放弃得也很快。大声斥责别人，好像要明辨事理实际上使事物更加烦乱。假意施与，好像是在施惠于人实际上并无结果。表面顺从，好像很忠诚但在下面却相反。这些都是似是而非的现象。也有似非而是的现象。掌握朝政的权臣，表面看好像奸诈而实际上是有功之臣。有大智慧的人，表面看上去愚钝而内心清楚。广施仁爱的人，表现看起来虚浮而实际上厚重。直言相劝的人，表面上看好像是指责实际上是忠诚。审查类似的事而明辨是非，用人情反复说明之，就好像审理案件，其实是很难辨别的。如果不是天下最精明的人，谁能够取得其实质性的东西呢？所以说仅仅听信一个人言论相信事物的表面现象，可能会失去真实的东西。对什么是虚诈不实的人情把握错了，可能会失去贤能的人。对贤能与否的考察，最根本的在于看与之近似的情况。所以说"观其所依，而似类之质可知"。

何谓观其爱敬，以知通塞？盖人道之极^①，莫过爱敬^②。是故《孝经》以爱为至德^③，以敬为要道^④。《易》以感为德^⑤，以谦为道。《老子》以无为德^⑥，以虚为道。《礼》以敬为本^⑦。《乐》以爱为主^⑧。然则人情之质，有爱敬之诚，则与道德同体，动获人心^⑨，而道无不通也。然爱不可少于敬。少于敬，则廉节者归之，而众人不与^⑩。爱多于敬，则虽廉节者不悦，而爱接者死之^⑪。何则？敬之为道也，严而相离^⑫，其势难久。爱之为道也，情亲意厚，深而感物。是故观其爱敬之诚，而通塞之理可得而知也。

【注释】

① 极：顶点。

② 莫过爱敬：刘昞在解释这句话时说："爱生于父子，敬立于君臣。"

③《孝经》：儒家经典之一。多以为孔门后学所撰，宣传孝道，从汉代起就被推崇，《汉书·艺文志》列为"七经"之一，东汉郑玄称《春秋》为大经，《孝经》为大本。今文本十八章，唐玄宗注，宋邢昺疏，收入《十三经注疏》。

④ 要道：重要的理论。

⑤《易》：即《易经》，又称《周易》，儒家经典之一，包括《经》和《传》两部分。《经》包括卦、爻、卦辞、爻辞等符号和文字。《传》又称《十翼》，是儒家学者对《经》的各种解释。《易经》以八卦象征天、地、雷、风、水、火、山、泽等自然万物，推测自然与社会的变化。今通行本有《周易注疏》，为三国魏王弼、晋韩康伯注，唐孔颖达正义。

⑥《老子》：道家著作，又称《道德经》，相传为春秋时老聃所作，或谓成书于春秋战国之际。西汉河上公作《老子章句八十一章》，前三十七章为《道经》，后四十四章为《德经》。1973 年湖南长沙马王堆汉墓出土帛书《老子》甲、乙本及《韩非子·解老》

都是《德经》在前，《道经》在后。现存注本有汉河
上公《老子章句》，三国魏王弼《老子注》等。

⑦《礼》：儒家经典著作，包括《周礼》、《仪礼》、《礼
记》。《礼记》是战国至汉初儒家学者关于各种仪礼
论文选集。《仪礼》记载上古的各种礼节仪式，如冠
礼、婚礼、士相见礼、乡饮酒礼、丧礼等。《周礼》
记述了先秦的政治经济制度，但对其成书年代及内
容是否真实学界有不同看法。

⑧《乐》：既《乐经》，儒家"六经"之一，论述了音
乐的起源发展及社会作用。原为三十二篇，秦时亡
佚，一部分被编入《礼记》中。

⑨动：往往，常常。《三国志·吴书·周瑜传》："曹
公，豺虎也，然托名汉相，挟天子以征四方，动以
朝廷为辞。"

⑩与：参与。《礼记·王制》："五十不从力政，六十不
与服戎，七十不与宾客之事。"

⑪爱接者死之：接受爱的人甘心为施爱者去死。

⑫严而相离：严肃拘谨互相敬而远之。刘昺在解释这
句话时说："动必肃容，过之不久。"

【译文】

什么叫做"观其爱敬，以知通塞"？为人之道的顶点，
不能超过于爱和敬。所以《孝经》把爱作为最高的道德标
准，把敬作为为人之道的重要理论。《易经》以气感为为人
之德，以谦虚为为人之道。《老子》把实施教化没有固定的
方法作为德的准则，把寂寞无为作为众道之理。《礼经》以

敬为为人之本。《乐经》以爱为主导。这说明人情的本质，如果有爱敬的诚意，就会与道德混为一体，经常获得人心，就没有走不通的道路。然而爱不可以少于敬。如果爱少于敬，那么廉洁有气节的人会归附他，而大众则不会与他在一起。如果爱多于敬，那么虽然廉洁有气节的人可能不喜欢，但接受爱的人会甘心为施爱者去死。这是为什么？如果把敬作为为人之道的标准，人们之间就会严肃拘谨互相敬而远之，相处势必难以持久。如果把爱作为为人之道的标准，人们之间情亲意厚，在人们中间产生深深的感染。所以说观察一个人的爱敬的诚意，他为人处事通达与闭塞的道理就可以知道了。

何谓观其情机，以辨恕惑？夫人之情有六机：杼其所欲则喜①；不杼其所能则怨；以自伐历之则恶②；以谦损下之则悦；犯其所乏则媢③；以恶犯媢则妒；此人性之六机也。夫人情莫不欲遂其志④，故烈士乐奋力之功⑤，善士乐督政之训⑥，能士乐治乱之事，术士乐计策之谋，辩士乐陵讯之辞⑦，贪者乐货财之积，幸者乐权势之尤⑧。苟赞其志⑨，则莫不欣然。是所谓杼其所欲则喜也。若不杼其所能，则不获其志。不获其志，则戚⑩。是故功力不建，则烈士奋。德行不训⑪，则正人哀⑫。政乱不治，则能者叹。敌能未弭⑬，则术人思⑭。货财不积，则贪者忧。权势不尤，则幸者悲。是所谓不杼其能则怨也⑮。人情莫不欲处前，故恶人之自伐。

自伐，皆欲胜之类也。是故自伐其善，则莫不恶也。是所谓自伐历之则恶也。人情皆欲求胜，故悦人之谦。谦所以下之，下有推与之意，是故人无贤愚，接之以谦，则无不色怿。是所谓以谦下之则悦也。人情皆欲掩其所短，见其所长。是故人驳其所短，似若物冒之⑯。是所谓驳其所乏则姻也。人情陵上者也，陵犯其所恶，虽见憎，未害也。若以长驳短，是所谓以恶犯姻，则妒恶生矣。凡此六机，其归皆欲处上。是以君子接物，犯而不校⑰。不校，则无不敬下，所以避其害也。小人则不然。既不见机，而欲人之顺己，以佯爱敬为见异⑱，以偶邀会为轻⑲，苟犯其机，则深以为怨。是故观其情机，而贤鄙之志可得而知也。

【注释】

①杼：通"抒"，抒发，申述。《楚辞·九章·惜诵》："惜诵以致愍兮，发愤以杼情。"王逸注："杼，渫也。"洪兴祖补注："杜预云'申杼旧意'，然《文选》云'抒情愫'，又曰'抒下情而通讽谕'，其字并从'手'。"

②历：越过。《孟子·离娄下》："礼，朝廷不历位而相与言，不逾阶而相揖也。"

③姻（hù）：嫉恨。刘昺在解释这句话时说："人皆悦己所长，恶己所短，故称其所短，则姻戾忿肆。"

④遂：如愿，完成。

⑤烈士乐奋力之功：勇猛之士喜欢以勇力立功的环境。刘昺在解释这句话时说："遭难而力士奋。"

⑥善士：有德之士。《孟子·万章下》："一乡之善士，斯友一乡之善士；一国之善士，斯友一国之善士；天下之善士，斯友天下之善士；以友天下之善士为未足，又尚论古之人。"督政之训：政治修明。刘昺在解释这句话时说："政修而善士用。"

⑦辩士乐陵讯之词：辩士，能言善辩之士。《管子·禁藏》："阴内辩士，使图其计。"陵讯，皇帝垂讯。刘昺在解释这句话时说："宾赞而求辩给。"宾赞，指幕僚。唐韩愈《郓州溪堂诗》："公暨宾赞，稽经诹律。施用不差，人用不屈。"

⑧幸者乐权势之尤：受宠幸的幸臣喜欢当权者有过失。幸者，宠臣。尤，过失，罪愆。《周易·贲》："匪寇婚媾，终无尤也。"《诗经·小雅·四月》："废为残贼，莫知其尤。"郑笺："尤，过也。"刘昺在解释这句话时说："权势之尤，则幸者窃其柄。"

⑨苟赞其志：如果推举他实现志向。赞，推举，推荐。《礼记·月令》："（孟夏之月）命太尉，赞桀俊，遂贤良，举长大。"郑玄注："赞，犹出也。"

⑩戚：忧愁。刘昺在解释这句话时说："忧己才之不展。"

⑪德行不训：不遵从道德行为规范。训，通"顺"，顺从，遵循。《尚书·洪范》："是训是行，以近天子之光。"孔安国传："凡顺是行之，则可以近益天子之光明。"汉扬雄《法言·问神》："或问文，曰

‘训’；问武，曰‘克’。”李轨注："训，顺。"

⑫正人哀：正人君子哀愁。刘昺在解释这句话时说："哀不得行其化。"

⑬敌能未弭：敌人的能量没有消除。弭，消除，止息。

⑭思：悲伤，哀愁。《礼记·乐记》："亡国之音哀以思，其民困。"

⑮怨：怨恨，不高兴。

⑯似若物冒之：感到愤闷好像被东西覆盖一样。刘昺在解释这句话时说："情之愤闷，有若覆冒。"

⑰犯而不校：虽受到冒犯而不去拒绝他。刘昺在解释这句话时说："虽或以小犯己，不校拒也。"校，栅栏。引申为拒绝。《墨子·备穴》："为铁校，卫穴四。"孙诒让《间诂》："铁校，盖铸铁为阑校，以御敌。"

⑱以佯爱敬为见异：把别人假装的爱敬当作对自己特殊的看待。

⑲以偶邀会为轻：把别人因遇到自己而相邀看作是对自己的轻视。偶，碰上，遇到。

【译文】

什么叫做"观其情机，以辨恕惑"？人的情感或情绪有六种主要的表现：抒发了内心想要表达的东西就欣喜；没有发挥能力和特长就怨恨；用自我夸耀的方法超越别人就被厌恶；用谦虚自损的方法处人之下别人就会喜悦；触犯别人的短处人家就会嫉恨；自夸己能犯人所短就会受到妒害；这就是人性中的六种情感或情绪的表现。人之常情没有不想让自己的志向如愿实现的，所以勇猛之士喜欢以勇力立功的环境，有德之士喜欢政治修明的环境，才能之士喜欢政治混乱的环境，谋略之士喜欢谋划计策，能言善辩之士喜欢被皇帝垂询，贪婪的人喜欢积聚钱财，受宠幸的幸臣喜欢当权者有过失。如果推举他们实现志向，则没有人不欣然而乐的。这就是所说的抒发了内心想要表达的东西就欣喜。如果不发挥他们的能力，那么他们就不能得志。不能得志，就会忧愁不已。所以没有建立功名事业，有雄心壮志的人就会对不能尽其才感到愤怒。不遵从道德行为规范，正人君子就会对没有实行教化感到哀愁。政局混乱不能治理，有能力的人就会叹息自己的才能没有被任用。敌人的能量没有消弭，则谋略之人就会对奇计没被运用感到哀伤。钱财没有积累，则贪婪之人就会感到担忧。权势之人不犯错误，受宠的幸臣就会因不能弄权感到悲哀。这就是所说的没有发挥能力和特长就怨恨。人之常情没有不想处在别人前面的，所以对别人的自我夸耀，会感到厌恶。自我夸耀都是想超过别人。所以一个人夸耀自己的长处，没有人不对他产生厌恶。这就是所说的用自我夸耀的方法超越别人，别人就会厌恶。人之常情都想胜过别人，所以都喜欢别人的谦逊。谦逊所持的态度就是居人之下，居人之下有推让他人之意，所以人无论贤良还是愚钝，如果用谦逊的态度对待他，则没有人不表现出高兴的。这就是所说的用谦虚自损的方法处人之下，别人就会喜悦。人之常情全都想把短处掩盖起来，把长处表现出来。所以反驳别人的短处，就会使他感到愤闷好像被东西覆盖一样。

这就是所说的触犯别人的短处，人家就会嫉恨。人之常情全都想超过比自己强的人，在超越的时候自我夸耀虽被别人厌恶，但还没有被别人忌害。如果用自己的长处去反驳别人的短处，这就是所说的自夸己能犯人所短就会受到妒害。凡此六种感情，归根结底全都是想处在别人之上。所以君子待人接物，虽受到冒犯而不去拒绝他的态度。不拒绝，就不会不敬而下之，所以会避免别人的妒害。小人则不是这样。他们不明白人性之六机，却想让人们顺从，他们把别人假装的爱敬当作对自己特殊的看待，把别人因偶然遇到而相邀看作是对自己的轻视。如果触犯了他的痛处，他们就会产生深切的怨恨。这就是考察人感情变化的原因，就可以知道他的心志是善美还是卑劣了。

何谓观其所短，以知其长？夫偏材之人，皆有所短。故直之失也，讦。刚之失也，厉。和之失也，懦。介之失也①，拘②。夫直者不讦，无以成其直，既悦其直，不可非其讦，讦也者，直之征也。刚者不厉，无以济其刚，既悦其刚，不可非其厉，厉也者，刚之征也。和者不懦，无以保其和，既悦其和，不可非其懦，懦也者，和之征也。介者不拘，无以守其介，既悦其介，不可非其拘，拘也者，介之征也。然有短者，未必能长也。有长者，必以短为征。是故观其征之所短，而其材之所长可知也。

【注释】

①介：指独特的节操或行为。《孟子·尽心上》："柳下惠不以三公易其介。"

②拘：拘泥。刘昞在解释这句话时说："拘愚不达事。"

【译文】

什么叫做"观其所短，以知其长"？偏才之人的性情，都有他的短处。所以正直引起的过失，在于揭露别人的短处。刚强引出的过失，在于对人严厉。温和引出的过失，在于软弱。独特节操引出的过失，在于拘泥。然而刚直而不揭露别人的短处，就不能够成就其刚直，既然喜欢他的刚直，就不能否定他对别人短处的揭露，揭露别人的短处，是刚直的特征。刚强而不严厉，不能成就其刚强，既然喜欢他的刚强，就不能否定他的严厉，严厉，是刚强的特征。温和而不软弱，就不能保持他的温和，既然喜欢他的温和，就不能否定他的软弱，软弱，是温和的特征。有独特节操的人不拘泥，就不能守住他的节操，既然喜欢他的节操，就不能否定他的拘泥，拘泥是独特节操的特征。这就是说有短处的，未必能变成长处。有长处的，必定有短处作为特征。所以观察其特征的短处，就能够知道他才能的长处了。

何谓观其聪明，以知所达？夫仁者，德之基也。义者，德之节也①。礼者，德之文也②。信者，德之固也③。智者，德之帅也④。夫智出于明。明之于人，犹昼之待白日，夜之待烛火。其明益盛者⑤，所见及远。及远之明难⑥，是故守业勤学，未必及材。材艺精巧，未必及理⑦。理义辩给，未必及智。智能经事，未必及道⑧。道思玄远，然后乃周⑨。是谓学不及材，材不及理，理不及智，智不及道。道也者，回复变通。是故别而论之，各自独行，则仁为胜。合而俱用，则明为将。故以明将仁，则无不怀⑩。以明将义，则无不胜。以明将理，则无不通。然则苟无聪明，无以能遂。故好声而实⑪，不克则恢⑫。好辩而理，不至则烦⑬。好法而思⑭，不深则刻⑮。好术而计，不足则伪⑯。是故钧材而好学⑰，明者为师。比力而争，智者为雄。等德而齐，达者称圣。圣之为称，明智之极名也。是以观其聪明，而所达之材可知也。

【注释】

①德之节也：调节道德的东西。刘昺在解释这句话时说："制德之所宜也。"意思是把道德调节到合适的程度。

②德之文也：使道德更美丽的纹饰。刘昺在解释这句话时说："礼，德之文理也。"文理即纹理。

③德之固也：道德所持守、坚持的东西。刘昺在解释这句话时说："固，德之所执也。"

④德之帅也：道德中起主导作用的部分。帅，起主导作用的人或事物。《孟子·公孙丑上》："夫志，气之帅也。"

⑤其明益盛者：光明越加盛大。

⑥及远之明难：照到远处的光明是很难做到的。刘昞在解释这句话时说："圣人犹有不及。"

⑦理：深层的道理。刘昞在解释这句话时说："因习成巧，浅于至理。"

⑧道：事物的根本规律。

⑨周：完备，充足。《左传·文公三年》："君子是以知秦穆之为君也，举人之周也，与人主壹也。"杜预注："周，备也。"

⑩怀：归向。《尚书·皋陶谟》："安民则惠，黎民怀之。"孔安国传："爱则民归之。"

⑪好声而实：喜好名声而又符合实际。

⑫不克则恢：不能够达到就是不合实际。刘昞在解释这句话时说："恢迂远于实。"恢迂即迂阔，不合实际。

⑬不至则烦：达不到则是烦乱。刘昞在解释这句话时说："词烦而无正理。"

⑭好法而思：喜好遵循法律而进行思考。

⑮不深则刻：达不到深度就属于刻。刻，形容程度极深。

⑯不足则伪：达不到就是诡诈欺诈。

⑰钧材：素质才能相等。

【译文】

什么叫做"观其聪明，以知所达"？仁，是道德的根基。义，是道德的调节器。礼，是使道德更美丽的纹饰。信，是道德所持守和坚持的东西。智，是道德中起主导作用的部分。智从明中产生。明对于人来说，就好像白天依靠太阳而成，黑夜依靠烛火而亮。光明越盛大，所照越远。然而照到远处的光明是很难达到的，所以恪守学业勤奋学习，未必能够成材。才艺精巧，未必能达到深层次的道理。能够滔滔不绝地讲说理义，未必能达到智的程度。有能够成就事业的智慧，未必能掌握事物的根本规律。掌握了事物的根本规律才能够思考深远，然后才能够办得完备周全。这就是说学习不如成才深远，成才不如知理深远，知理不如有智慧深远，有智慧不如掌握根本规律深远。掌握根本规律，才能够贯通反复变化的事物。所以如果分别论之，从它们单独运行的角度，那么仁是重要的。如果把它们合在一起考虑，明就成为起主导作用的了。所以用明来统率仁，就会没有人不归附他。用明来统率义，就会战无不胜。用明来统率理，就会无所不通。这就是说如果没有聪明，就失去了通向成功的道路。所以说喜好名声而又符合实际，如果达不到就是不合实际。喜好言辩而通晓道理，如果达不到就是语言繁冗却不能切中正理。喜好遵循法律而进行思考，如果达不到深度就是苛刻。喜欢谋略又能谋划奇计，如果达不到就是诡诈欺诈。所以素质才能相等而又好学，聪明的人为老师。力量相等而互相角斗，智慧的人为胜者。道德水平相等，通达的人为圣人。圣人的称呼，是对极端明智的人而言的。所以说观察其聪明程度，他能够达到什么样的人才的标准就可以知道了。

七缪第十

　　本章论述了考察人才时容易产生的七种谬误：一、察誉有偏颇之缪；二、接物有爱恶之惑；三、度心有小大之误；四、品质有早晚之疑；五、变类有同体之嫌；六、论材有申压之诡；七、观奇有二尤之失。避免的方法，第一，认识一个人不能只凭众人对他怎样评价。第二，不要只凭自己的好恶。第三，不要对人全面地肯定或否定。第四，用发展的眼光看待一个人。第五，认识同类人之间关系的复杂性。第六，不能忽视一个人所处的具体环境。第七，考察人才既不能主观臆断独断专行，也不能人云亦云没有自己的主见。

七缪①：一曰察誉有偏颇之缪②；二曰接物有爱恶之惑③；三曰度心有小大之误④；四曰品质有早晚之疑⑤；五曰变类有同体之嫌⑥；六曰论材有申压之诡⑦；七曰观奇有二尤之失⑧。

【注释】

①七缪：鉴别人才时所犯的七种谬误。缪，谬误。

②察誉：考察名声。

③爱恶之惑：被个人的爱恶所迷惑。刘昺在解释这句话时说："或情同忘其恶，或意异忘其善也。"意思是有的因与对方情意相同而忽视了他的恶，有的因与对方情意不同而忽视了他的善。

④小大：指人的素质中明与智的小大。刘昺在解释这句话时说："或小知而无大成，或小暗而无大明。"

⑤早晚：指人的智慧发展的早晚。刘昺在解释这句话时说："有早智而速成者，有晚智而晚成者。"

⑥变类有同体之嫌：分辨人才类别，要在同才异势之间进行猜测。刘昺在解释这句话时说："才同势均则相竞，才同势倾则相敬。"

⑦申压之诡：名声长消的相反运动。刘昺在解释这句话时说："藉富贵则惠施而名申，处贫贱则乞求而名压。"诡，违背，相反。《管子·四时》："刑德合于时则生福，诡则生祸。"

⑧二尤：指尤妙和尤虚。后面文中有论述。

【译文】

七缪：第一是考察人的声誉时会出现偏颇的谬误；第二是待人接物时会受个人好恶的迷惑；第三是审查心志时会有对其素质中明与智大小判断的失误；第四是考察人的素质时会有不知道他的智慧发展早晚的疑惑；第五是分辨人才类别时要在同才异势之间进行猜测；第六是在评论人才时会有名声长消的相反运动；第七是观察奇才时有认识人才尤妙和尤虚的失误。

夫采访之要①，不在多少。然征质不明者②，信耳而不敢信目。故人以为是，则心随而明之。人以为非，则意转而化之③。虽无所嫌，意若不疑④。且人察物，亦自有误。爱憎兼之，其情万原⑤。不畅其本，胡可必信⑥？是故知人者，以目正耳。不知人者，以耳败目⑦。故州闾之士⑧，皆誉皆毁，未可为正也。交游之人誉不三周⑨，未必信是也。夫实厚之士⑩，交游之间，必每所在肩称⑪。上等援之⑫，下等推之，苟不能周，必有咎毁⑬。故偏上失下，则其终有毁。偏下失上，则其进不杰⑭。故诚能三周，则为国所利。此正直之交也。故皆合而是⑮，亦有违比⑯。皆合而非，或在其中。若有奇异之材，则非众所见。而耳所听采，以多为信⑰。是缪于察誉者也。

【注释】

①采访：搜求寻访。

②征质：外部特征与内在品质。

③意转而化之：改变自己的看法而发生转化。刘昺在解释这句话时说："信人毁誉，故向之所是，化而为非。"

④意若不疑：心里哪能不怀疑。刘昺在解释这句话时说："信毁誉者心虽无嫌，意固疑矣。"若，哪。唐李贺《南园》诗之五："请君暂上凌烟阁，若个书生万户侯？"

⑤万原：即万源。刘昺在解释这句话时说："明既不察，加之爱恶是非，是疑岂可胜计？"

⑥胡：怎么。

⑦败目：扰乱观察。败，扰乱。《荀子·解蔽》："其为人也善射而好思，耳目之欲接则败其思；蚊虻之声闻则挫其精。"

⑧州间：古代地方基层行政单位。《礼记·曲礼上》："夫为人子者，三赐不及车马，故州间乡党称其孝也。"郑玄注："《周礼》二十五家为间，四间为族，五族为党，五党为州。"此处泛指乡里。

⑨三周：多次做成事情。三，泛指多。周，成就事情。晋干宝《搜神记》卷十三："鲁人弦歌祭祀，穴中无水，每当祭时，洒扫以告，辄有清泉自石间出，足以周事。"

⑩实厚：笃实敦厚。

⑪每所在肩称：常常受到所在地方的称赞。刘昺在解

释这句话时说："言忠信，行笃敬，虽蛮貊之邦行矣。"意思说即使在少数民族地方也受到称赞。

⑫援：举荐，提拔。《礼记·儒行》："其举贤援能有如此者。"

⑬咎毁：即咎悔。毁，同"悔"。

⑭杰：突出。

⑮皆合而是：全都迎合进行肯定。刘昺在解释这句话时说："或违正阿党，故合而是之。"

⑯违比：违背正直，逢迎结党。

⑰以多为信：刘昺在解释这句话时说："不能审查其材，但信众人言也。"

【译文】

搜求寻访人才的关键，不在于所听到的情况多少。然而看不清人的外部特征与内在品质的人，常常相信耳朵而不相信眼睛。所以当别人以为应该肯定时，他就随着相信并认为自己观察得很准。当别人认为应当否定时，他就改变自己的看法而转向反面。相信别人毁誉的人虽然从内心与之没有嫌隙，但他听到别人的毁誉后哪能没有怀疑。况且人们对事物的观察，本身也是有不准确的地方。再加上外界爱憎的干扰，所发生的疑惑就更多了。这种观察从根本上就发生了问题，怎么能够必信不疑呢？所以能够知人的，能用他所看到的去纠正所听到的。不能知人的，常被所听到的情况所干扰。所以在乡里生活的人，一般全都受到赞誉或诋毁，这些未必都是正确的。所交际的人如果不是多次让他做成事情，就不一定要信任他。笃实敦厚的人，他们与人交际的时候，必定常常受到所在地方的称誉。上边的人拔举他，下边的人举荐他，如果他不能够办成事情，上下之人必定有所后悔。所以偏重上层而失去了下层的称誉，那么其结果必定遭到诋毁。偏重下层而失去了上层的看重，那么他的进身就不会有突出的地位。所以如果能多次让他办成事情，就会对国家有利。这是正直的交往。所以对一个人全都迎合进行肯定，就有违背正直，逢迎结党的嫌疑。全都合起来否定他，他反而倒有可能是个特立不群的人。如果有奇异的人才，则不是一般人所能发现的。而相信耳朵听到的情况，是只听信众人所言的做法。这是考察人的声誉时所发生的谬误。

夫爱善疾恶，人情所常。苟不明质，或疏善、善非①。何以论之？夫善非者，虽非犹有所是。以其所是，顺己所长，则不自觉情通意亲②，忽忘其恶。善人虽善，犹有所乏。以其所乏③，不明己长④。以其所长，轻己所短，则不自知志乖气违⑤，忽忘其善。是惑于爱恶者也。

【注释】

①疏善：善者被疏远。善非：不对的被认为是对的。

②情通意亲：感情相通心意亲近。

③以其所乏：因为他（指善美之人）有短处。

④不明己长：看不清自己的长处。刘昞在解释这句话时说："善人一短，与己所长异也。"即分不清善人

的短处与自己的长处的区别。

⑤志乖气违：志趣相悖，精神相异。

【译文】

热爱美善疾恨丑恶，这是人的常情。但如果认不清人的本质，可能会疏远美善、把不对的认为是对的。为什么这样说呢？那些被认为是对的而实际上是不对的人，即使有很多的不对也有对的地方。因为他有对的地方，又与自己所长相合，就会不自觉与之感情相通心意亲近，而忽视了他的丑恶之处。善美的人虽有很多长处，但是也有他的短处。因为他有短处，这些短处又与自己的长处不同，便认不清自己的长处。因为善美之人的长处，轻视自己的短处，就会不自觉地与之志趣相悖精神相异，忽略并忘掉了他的美善。这是在审查人才时被自己的喜爱和厌恶所迷惑的情况。

夫精欲深微①，质欲懿重②，志欲弘大，心欲嗛小③。精微，所以入神妙也。懿重，所以崇德宇也④。志大，所以戡物任也⑤。心小，所以慎咎悔也。故《诗》咏文王⑥，"小心翼翼⑦"，"不大声以色⑧"，小心也。"王赫斯怒⑨"，"以对于天下⑩"，志大也。由此论之，心小志大者，圣贤之伦也。心大志大者，豪杰之隽也。心大志小者，傲荡之类也⑪。心小志小者，拘懦之人也⑫。众人之察，或陋其心小⑬，或壮其志大⑭，是误于小大者也⑮。

【注释】

①精：精神。

②质：素质。懿重：美好厚重。

③嗛小：谦虚谨慎。嗛，通"谦"。

④崇德宇：增加气度。德宇，气度，器量。南朝宋刘义庆《世说新语·赏誉》上："山涛以下，魏舒以上。"刘孝标注引《晋阳秋》："济（即王济）有人伦鉴识，其雅俗是非，少有优润，见湛（即王湛）叹服其德宇。"

⑤戡物任：能够担当重任。戡，通"堪"。

⑥文王：即周文王。见前注。

⑦小心翼翼：语出《诗经·大雅·大明》："维此文王，小心翼翼。昭事上帝，聿怀多福。"郑玄笺："小心翼翼，恭慎貌。"

⑧不大声以色：语出《诗经·大雅·皇矣》："帝谓文王：予怀明德，不大声以色，不长夏以革。"

⑨王赫斯怒：语出《诗经·大雅·皇矣》："王赫斯怒，爰整其旅，以按徂旅，以笃于周祜。"

⑩以对于天下：出处同前注。

⑪傲荡：傲慢放荡。

⑫拘懦：拘谨懦弱。

⑬陋：鄙视。

⑭壮：推崇，赞许。

⑮小大：指心志的小大。

【译文】

精神要深邃微妙，素质要美好厚重，志向要恢弘远大，胸襟要谦虚谨慎。精细入微，是达到神奇美妙境界的途径。美好厚重，是实现增大气度的手段。志向远大，是承担重任的条件。小心谨慎，是防止过失悔恨的方法。所以《诗经》歌颂周文王，"小心翼翼"，"不大声以色"，这是说他的小心谨慎。"王赫斯怒"，"以对于天下"，这是歌颂他志向远大。由此而论，心小志大的人，属于圣贤之类。心大志大的人，是豪杰中的俊秀。心大志小的人，属于傲慢放荡之类。心小志小的人，是拘谨懦弱之人。而一般人对人才的观察，或者鄙视被观察者的心小，或者赞许被观察者的志大，这都是由对心志大小的错误判断造成的。

夫人材不同，成有早晚。有早智而速成者，有晚智而晚成者，有少无智而终无所成者，有少有令材遂为隽器者①。四者之理，不可不察。夫幼智之人，材智精达，然其在童髦皆有端绪②。故文本辞繁③，辩始给口④，仁出慈恤⑤，施发过与⑥，慎生畏惧⑦，廉起不取⑧。早智者浅惠而见速⑨，晚成者奇识而舒迟⑩，终暗者并困于不足⑪，遂务者周达而有余⑫。而众人之察，不虑其变，是疑于早晚者也⑬。

【注释】

①令材：良才。隽器：杰出的人才。

②童髦：儿童时期。髦，古代儿童头发下垂至眉的一

种发式。《仪礼·既夕礼》："既殡，主人说髦。"郑
玄注："儿生三月，剪发为鬌，男角女羁，否则男左
女右，长大犹为饰存之，谓之髦，所以顺父母幼少
之心。至此，尸柩不见，丧无饰可以去之。髦之形
象未闻。"

③文本辞繁：年幼时词汇多，长大后必有文采。刘昺
在解释这句话时说："初辞繁者，长必文丽。"

④辩始给口：年幼时口才好，长大后必善于辩论。刘
昺在解释这句话时说："幼给口者，长必辩论也。"
给口，口才好。

⑤仁出慈恤：年幼时慈善助人，长大后必同情有困难
的人。刘昺在解释这句话时说："幼慈恤者，长必
矜人。"

⑥施发过与：年幼时常把东西给人，长大后必好施舍
给与。刘昺在解释这句话时说："幼过与者，长必
好施。"

⑦慎生畏惧：年幼时胆小，长大后必谨慎。刘昺在解
释这句话时说："幼多畏者，长必谨慎。"

⑧廉起不取：年幼时不随便要别人东西，长大后必
清廉。刘昺在解释这句话时说："幼不妄取，长必
清廉。"

⑨浅惠而见速：看见一点小事就能够从神态中表现出
来。刘昺在解释这句话时说："见小事则达其形容。"

⑩奇识而舒迟：刘昺在解释这句话时说："智虽舒缓，
能识其妙。"

⑪终暗：终生愚昧糊涂。

⑫遂务：事业顺利。

⑬早晚：指智力发展的早晚。

【译文】

人才各不相同，成才有早有晚。有的人因智力发展成熟很早而很快成才，有的人因智力发展成熟很晚而大器晚成，有的人从小没有智慧而终身没有成就，有的人从小具备良才而成为佼佼者。这四方面的道理，不可以不审察。从小有智慧的人，才智精明通达，他在儿童时期就会表现出端倪。所以年幼时词汇多长大后必有文采，年幼时口才好长大后必善于辩论，年幼时慈善助人长大后必同情有困难的人，年幼时常把东西给人长大后必好施舍给与，年幼时胆小长大后必谨慎，年幼时不随便要别人东西长大后必清廉。智力成熟早的人看见一点小事就能够从神态中表现出来，大器晚成的人智力虽然舒缓却能认识精妙，终生愚昧糊涂的人在许多事务上都因才智不足而困窘，事业顺利的人诸事通顺而游刃有余。而一般人对人才的考察，往往不考虑这些变化，这就是在人才智力成熟早晚方面的疑惑。

夫人情莫不趣名利①，避损害。名利之路，在于是得②。损害之源，在于非失③。故人无贤愚，皆欲使是得在己。能明己是，莫过同体④。是以偏材之人，交游进趋之类⑤，皆亲爱同体而誉之，憎恶对反而毁之⑥，序异杂而不尚也⑦。推而论之，无他故焉。夫誉同体，毁对反，所以证彼非而著己是也。至于异杂之人，于彼无益，于己无害，则序而不尚。是故同体之人，常患于过誉，及其名敌⑧，则尠能相下⑨。是故直者性奋，好人行直于人⑩，而不能受人之讦。尽者情露⑪，好人行尽于人⑫，而不能纳人之径⑬。务名者乐人之进趋过人⑭，而不能出陵己之后⑮。是故性同而材倾，则相援而相赖也。性同而势均，则相竞而相害也。此又同体之变也。故或助直而毁直，或与明而毁明，而众人之察不辨其律理⑯，是嫌于体同也⑰。

【注释】

①趣：趋赶。

②是得：做得对并有所得。

③非失：做错事并有所失。

④同体：同类人。

⑤进趋：追求，求取。

⑥对反：对立相反。

⑦序异杂而不尚：把异杂之人放在既不憎恨也不推崇的位置上。刘昺在解释这句话时说："不与己同，不与己异，则虽不憎，亦不尚之。"

⑧名敌：名望相当。

⑨尠：同"鲜"。

⑩好人行直于人：喜欢行为刚直的人。刘昺在解释这句话时说："见人正直，则心好之。"

⑪尽者：坦诚直率有什么说什么。

⑫好人行尽于人：喜欢对别人直率尽其所言的人。刘
　昞在解释这句话时说："见人颖露，则心好之。"

⑬不能纳人之径：不能接受对自己直率尽其所言。刘
　昞在解释这句话时说："说己径尽，则违之不纳。"

⑭乐人之进趋过人：喜欢进趋超过别人的人。

⑮不能出陵己之后：不能处在高于自己的人的后面。
　刘昞在解释这句话时说："人陵于己，则忿而不服。"

⑯律理：规则和道理。

⑰嫌：疑惑。

【译文】

　　人之常情没有人不趋赶名利，躲避损害的。获得名利的途径，在于做得对并有所得。受到损害的原因，在于做错事而有所失。所以人无论贤能还是愚昧，全都想使自己做得对并有所得。最能了解自己长处的，莫过于与自己同类的人。所以偏才之人，所交际寻求的人，全都是与自己关系亲密的同类并称誉他们，憎恶与自己对立相反的人并诋毁他们，把异杂之人放在既不憎恨也不推崇的位置上。推而论之，没有其他的原因。称誉同类的人，诋毁对立相反的人，都是用来证明别人不对而自己是对的。至于与自己既不同类又不对立的异杂之人，对别人没有益处，对自己没有害处，则既不憎恨也不崇尚。所以同类之人，常常有过分称誉的毛病，至于名望相当的人，则很少能够谦让。所以刚直的人性情奋发，喜欢行为刚直的人，却不喜欢让他指责自己的过失。坦诚直率有什么说什么的人，喜欢对别人直率尽其所言的人，却不能接受对自己直率尽其所言。

致力于追求名声的人，喜欢进取超过别人，却不能处在高于自己的人的后面。所以性情相同而能力差距大，则会互相提举互相依赖。性情相同而能力均衡，则会互相竞争互相残害。这又是同类人之间关系的变化。所以有的人扶助正直又诋毁正直，有的人赞誉明智又诋毁明智，而一般人审察人才是不去分辨其中的规则和道理的，这是分辨同类人才方面的疑惑。

夫人所处异势，势有申压。富贵遂达，势之申也。贫贱穷匮，势之压也。上材之人，能行人所不能行。是故达有劳谦之称①，穷有著明之节。中材之人，则随世损益②。是故藉富贵则货财充于内，施惠周于外。见赡者③，求可称而誉之。见援者，阐小美而大之。虽无异材，犹行成而名立④。处贫贱，则欲施而无财，欲援而无势。亲戚不能恤，朋友不见济。分义不复立⑤，恩爱浸以离⑥。怨望者并至⑦，归罪者日多。虽无罪尤，犹无故而废也⑧。故世有侈俭，名由进退⑨。天下皆富，则清贫者虽苦，必无委顿之忧⑩。且有辞施之高⑪，以获荣名之利。皆贫，则求假无所告⑫，而有穷乏之患，且生鄙吝之讼⑬。是故钧材而进有与之者⑭，则体益而茂遂⑮。私理卑抑有累之者⑯，则微降而稍退⑰。而众人之观，不理其本，各指其所在，是疑于申压者也。

【注释】

①劳谦：勤劳谦恭。《周易·谦》："劳谦，君子有终，吉。"

②随世损益：随着时势的变化而增减。刘昺在解释这句话时说："势来则益，势去则损。"

③见赡者：受到救济的人。

④行成而名立：做事成功取得名声。刘昺在解释这句话时说："夫富与贵可不欣哉，乃至无善而行成，无智而名立。"

⑤分义不复立：情分不再有。

⑥浸：渐渐。

⑦怨望：怨恨不满。

⑧无故而废：无罪而被废黜。刘昺在解释这句话时说："夫贫与贱可不慑哉！乃至无由而生谤，无罪而见废。"

⑨名由进退：世势决定名声的高低。刘昺在解释这句话时说："行虽在我，而名称在世，是以良农能稼，未必能穑。"

⑩委顿：衰弱，病困。

⑪辞施：推辞施与。

⑫求假：请求借贷。

⑬鄙吝：过分爱惜钱财。北齐颜之推《颜氏家训·勉学》："素鄙吝者，欲其观古人贵义轻财。"

⑭钧材而进有与之者：财富和别人一样多进而还有人给与。刘昺在解释这句话时说："己既自足，复须给赐。"钧，通"均"。

⑮体益而茂遂：名美行成万事如意。

⑯私理卑抑有累之者：自己的管理经营衰弱卑下而又有拖累的人。刘昺在解释这句话时说："己既不足，亲戚并困。"

⑰稍：渐渐。

【译文】

人所处的情势是不同的，情势有伸张有压抑。富有显贵成功发达，这是情势的伸张。贫下低贱穷困匮乏，这是情势的压抑。上等人才，能做人所不能做的事。所以他们显达时有勤劳谦虚的美称，穷困时有光明磊落的气节。中等人才，则随着时势的变化而增减。所以他们凭借富贵地位在家内充满钱财，在外面遍加施惠。受到他救济的人，寻求他可称道的地方而赞美他。受到他提拔的人，把他的小优点加以阐述放大。所以他们虽然没有特殊的才能，却仍然能够做事成功取得名声。处在贫贱地位的人，则想布施却没有钱财，想提拔人却没有权势。亲戚不能受到帮助，朋友不能得到救济。情分不再有，恩爱渐渐远离。怨恨不满者一起到来，问罪者日渐增多。他虽然没有罪行和过错，但还是无缘无故地被废黜。所以时世有张大有减缩，而名声也因此或高或低。天下人都富有，那么清贫者虽然贫苦，也一定没有衰弱病困之忧。而且还有推辞施与的高名，因此获得荣名之利。如果天下人都贫穷，那么就会无处请求借贷，因而有穷困贫乏之患，并且会生出过分爱惜钱财的控诉。所以财富和别人一样多进而还有人给与，则会名美行成万事如意。自己的管理经营衰弱卑下而又有拖累的人，则会地位慢慢下降渐渐低下。而一般人在观察这个问题时，不知道这个问题的根本，各自只看到问题的现状，这是在情势伸张和压抑问题上的迷惑。

夫清雅之美，著乎形质，察之寡失。失缪之由①，恒在二尤。二尤之生，与物异列②。故尤妙之人，含精于内，外无饰姿。尤虚之人，硕言瑰姿③，内实乖反。而人之求奇，不可以精微测其玄机，明其异希④。或以貌少为不足，或以瑰姿为巨伟，或以直露为虚华，或以巧饰为真实。是以早拔多误⑤，不如顺次⑥。夫顺次常度也。苟不察其实，亦焉往而不失？故遗贤而贤有济⑦，则恨在不早拔⑧。拔奇而奇有败，则患在不素别⑨。任意而独缪，则悔在不广问。广问而误己，则怨己不自信。是以骥子发足⑩，众士乃误。韩信立功，淮阴乃震⑪。夫岂恶奇而好疑哉！乃尤物不世见⑫，而奇逸美异也。是以张良体弱，而精强为众智之隽也。荆叔色平⑬，而神勇为众勇之杰也。然则隽杰者，众人之尤也。圣人者，众尤之尤也。其尤弥出者⑭，其道弥远。故一国之隽，于州为辈⑮，未得为第也⑯。一州之第，于天下为槐⑰。天下之槐，世有优劣⑱。是故众人之所贵，各贵其出己之尤，而不贵尤之所尤。是故众人之明，能知辈士之数⑲，而不能知第目之度⑳。辈士之明，能知第目之度，不能识出尤之良也。出尤之人，能知圣人之教，不能究入室之奥也㉑。由是论之，人物之理，妙不可得而穷已。

【注释】

①缪：错误，失误。

②与物异列：与一般人不同。刘昺在解释这句话时说："是故非常人之所见。"

③硕言瑰姿：言语夸大姿态瑰伟。

④明其异希：明白他的奇异稀少。刘昺在解释这句话时说："其尤奇异，非精不察。"

⑤早拔多误：因提拔成熟较早的人而多生失误。刘昺在解释这句话时说："或以甘罗为早成而用之，于早岁或误。"

⑥顺次：按照顺序。

⑦遗贤而贤有济：遗漏了贤才而贤才却有成功的表现。

⑧恨：遗憾。

⑨素别：预先识别。素，预先。《国语·吴语》："夫谋，必素见成事焉，而后履之。"

⑩骥子发足：良马奋蹄。此指良才显示了自己的能力。

⑪淮阴：古县名。秦置，治所在今江苏淮阴西南。

⑫世见：每代都出现。

⑬荆叔：即荆轲。又称荆卿、庆卿，战国时卫国人。好读书击剑，游说至燕国，与高渐离、田光友善，后为燕国太子丹门客，受太子丹之托，以献图为名，与秦舞阳一起行刺秦王。进入秦王宫后，秦舞阳因胆怯而神色异常，而荆轲却不动声色，面带

平静。

⑭弥：越。

⑮于州为辈：放到州里比较。辈，比并，比类。《后汉书·循吏传序》："边凤、延笃先后为京兆尹，时人以辈前世赵、张。"李贤注："辈，类也。赵谓赵广汉，张谓张敞。"

⑯第：品第。

⑰椳（wēi）：门枢。

⑱世有优劣：每一代英才都不一样。刘昺在解释这句话时说："英人不世继，是以伊、召、管、晏，应运乃出。"

⑲辈士之数：郡国一级人才的数量。刘昺在解释这句话时说："众人明者，粗知郡国出辈之士而已。"

⑳第目：品第。

㉑入室：学问技艺达到精深的程度。《论语·先进》："由也，升堂矣，未入于室也。"邢昺疏："入室为深，颜渊是也；升堂次之，子路是也。"

【译文】

　　清廉高雅的美德，在人的外貌和气质上有显著的表现，所以考察起来很少有失误。考察人才失误的原因，往往在对尤妙和尤虚的考察上。尤妙和尤虚的产生，与一般人不同。所以说尤妙之人，蕴含精明于内部，外面不修饰自己。尤虚之人，外表言语夸大姿态瑰伟，而内里实际上正相反。而一般人在寻求奇才时，不能够精深细微地观测到其中深奥玄妙的道理，明白奇才的奇异和稀少。有的看其外貌欠佳就认为是不足，有的看其姿容魅力就认为是巨伟，有的把直率坦白看作是华而不实，有的把乔装粉饰看作是真诚实在。所以与其因提拔成熟较早的人而多生失误，不如按正常次序选用。按正常次序是选拔人才的常规。如果不考察一个人的实际能力，还能到哪里找到不失误的方法呢？所以遗漏了贤才而贤才却有成功的表现，则会有没早点提拔他的遗憾。如果选拔了奇才而奇才又不成功，则会有不能事先辨别的忧患。凭主观意志随心所欲而产生独断专行的错误，则会有没有广泛征求意见的后悔。如果广泛征求意见了却又贻误了自己，就会恨自己没有自信。所以良材显示了自己的能力，众人才感觉到自己不是人才的失误。韩信立功以后，淮阴地区的百姓才产生震动。这怎能归咎为人们厌恶奇才喜欢怀疑呢！这是由于突出的人物不是每代都有的，他们奇特超凡与众不同。所以张良身体柔弱，但他的精明强干在众多智者中是出类拔萃的。荆轲神色平和，但他的精神勇气在众多的勇士中是杰出的。这就是说俊杰是众人中突出的人。圣人是这些突出的人中又突出的。他们的优异才能越突出，他们的前途就越远大。所以一个郡国中的俊杰，放到州里比较，不见得能进入品第。一州中进入品第的人才，是国家的门枢。国家的门枢人才，每一代也都不一样。所以一般人所看重的，是看重他比自己突出的才能，而不是看重突出人才中的佼佼者。所以一般人的明智，能够知道郡国一级人才的数量，但不能知道他们进入品第的程度。郡国人才的明智，能知道进入品级的程度，而不能认识最为突出的良才。最为突出的良才，能够明白圣人的教诲，但不能明白他的学问技艺为什么能达到这样高的程度。由此论之，关于人才的道理，它的奇妙是不可能认识穷尽的。

效难第十一

　　认识人才并取得效果有两个难点：一个是认识人才本身的难处，一个是认识了人才而没有取得成效的途径的难处。本章对这两个难点进行了详尽的分析。指出难点并非让人知难而退，而是让人清楚地认识难点形成的主观原因和客观原因，从而克服在考察任用人才上所遇到的困难，取得实际效果。

盖知人之效有二难①。有难知之难，有知之而无由得效之难②。何谓难知之难？人物精微，能神而明③，其道甚难，固难知之难也。是以众人之察不能尽备。故各自立度④，以相观采⑤。或相其形容，或候其动作⑥，或揆其终始⑦，或揆其儗象⑧，或推其细微，或恐其过误，或循其所言，或稽其行事⑨。八者游杂，故其得者少，所失者多。是故必有草创信形之误⑩，又有居止变化之谬⑪。故其接遇观人也，随行信名⑫，失其中情⑬。故浅美扬露⑭，则以为有异。深明沉漠⑮，则以为空虚。分别妙理，则以为离娄⑯。口传甲乙⑰，则以为义理⑱。好说是非，则以为臧否。讲目成名⑲，则以为人物。平道政事⑳，则以为国体。犹听有声之类，名随其音。夫名非实，用之不效。故曰：名犹口进㉑，而实从事退。中情之人㉒，名不副实㉓，用之有效。故名由众退，而实从事章㉔。此草创之常失也。故必待居止，然后识之。故居视其所安㉕，达视其所举，富视其所与，穷视其所为，贫视其所取，然后乃能知贤否。此又已试，非始相也㉖。所以知质，未足以知其略㉗。且天下之人，不可得皆与游处。或志趣变易，随物而化。或未至而悬欲㉘，或已至而易顾㉙，或穷约而力行㉚，或得志而从欲㉛。此又居止之所失也。由是论之，能两得其要，是难知之难。

【注释】

①知人之效：认识人才并取得效果。

②无由得效：没有取得成效的途径。刘昺在解释这句
话时说："己虽知之，无由得荐。"

③能神而明：深入他的精神世界进而了解他的才智。
刘昺在解释这句话时说："欲入其神，而明其智。"

④各自立度：各自确立自己的标准、角度。刘昺在解
释这句话时说："以己所能，历观众才。"

⑤以相观采：以此来对人才进行观察和使用。相，表
示一方对另一方采取的动作。《史记·鲁仲连邹阳列
传》："臣闻明月之珠，夜光之璧，以暗投人于道路，
人无不按剑相眄者。"

⑥候：观察。

⑦揆：揣度。

⑧揆其儗（nǐ）象：揣度拟想的形象。刘昺在解释这
句话时说："以旨意取人。"

⑨稽其行事：考查他做事的效果。刘昺在解释这句话
时说："以功效取人。"

⑩草创信形：草率地相信外表的东西。刘昺在解释这
句话时说："或色貌取人而行违。"草创，草率。《东
观汉记·光武帝纪》："时城郭丘墟，扫地更为，帝
悔前徙之，草创苟合，未有还人。"

⑪居止变化：地位或职位的变化与内心不一致。刘昺
在解释这句话时说："或身在江海，心存魏阙。"

⑫随行信名：轻易地相信他的行为和名声。

⑬中情：内心的实际情况。

⑭浅美扬露：心智肤浅显扬表露。

⑮深明沉漠：心智深邃内心明白而不外露。

⑯离娄：古代传说中的人物，视力极好。

⑰口传甲乙：勉强地分别等级次第。刘昺在解释这句话时说："强指物类。"

⑱义理：道理。

⑲讲目成名：勉强地分辨人的贤能和愚昧。

⑳平道政事：胡乱谈论政事。刘昺在解释这句话时说："妄论时事。"

㉑名犹口进：名声通过众人之嘴而宣扬提升。

㉒中情之人：真正的智慧在内心的人。刘昺在解释这句话时说："真智在中，众不能见，故无外名，而有内实。"

㉓名不副实：指中情之人的名气和实际不相符的情况。

㉔实从事章：做事效果显著而名声彰显。刘昺在解释这句话时说："效立而名章。"章，彰显。

㉕居视其所安：没当官的时候看他安心于什么。居，指赋闲未仕。《文选·补亡诗》："彼居之子，罔或游盘。"李善注："居，谓未仕者，言在家之子。"

㉖始相：仅仅凭眼睛看。

㉗未足以知其略：刘昺在解释这句话时说："略在变通，不可常准。"

㉘未至而悬欲：志向还没达到就因欲望的诱惑而改变。悬，诱惑。《文子·守平》："知养生之和者，即不可

悬以利；通内外之符者，不可诱以势。"

㉙已至而易顾：已经达到了志向却又发生了改变。

㉚穷约而力行：穷困贫贱却努力行动。穷约，穷困，贫贱。《晏子春秋·谏上五》："使民饥饿穷约而无告。"

㉛从欲：纵欲。从，"纵"的古字。

【译文】

认识人才并取得效果有两个难点。一个是认识人才本身的难处，一个是认识人才而没有取得成效的途径的难处。什么是认识人才本身的难处呢？人的才智是无形无状奇异精妙的，能够深入他的精神世界进而了解他的才智，这本身是一件非常困难的事，所以说认识人才本身就是不容易的事。所以一般人审察人才的方法不可能是彻底完备的。所以各自确立了自己的标准，以此来对人才进行观察和使用。有的看人的外貌，有的观察人的举动，有的揣度他的出发点是否正确，有的揣度对他拟想的形象，有的审察他的细微之处，有的忽略他的过失和错误，有的听取他的言论话语，有的考察他做事的效果。上述八种做法是杂乱没有系统的，所以在审察任用人才上所得者少，所失者多。所以必然会有草率地相信外表的失误，也会有所用人才地位或职位的变化与内心不一致的谬误。因为他交结观察人才的时候，轻易地相信他的行为和名声，不掌握他内心的实际情况。所以一个人心智肤浅显扬表露，却被认为是异于常人。一个人心智深邃内心明白而不外露，却被认为是空洞无物。一个人把道理分析得头头是道，却被认为是离娄式的人物。一个人勉强地分别事物的等级次第，却被认为是精通义理。一个人随意评论是非，却被认为是明白善恶。一个人勉强地分辨人的贤能和愚昧，却被认为是善于知晓人物。一个人胡乱谈论政事，却被认为是国家栋梁。这就好像听见一类事物的声音，就根据声音为之命名一样。名实不副，就没有人们预期的效用。所以说：名声通过众人之嘴而宣扬提升，而实际却因为事实而下降。真正的智慧在内心的人，名气和实际也不相副，但任用他们却可以取得成效。所以说明因为众人不认识而减退，但实际却因做事效果显著而名声彰显。这些都是审察人才草率而常有的失误。所以说一定要观察行动，才能认识他的才能。所以在他没当官的时候看他安心于什么，在他当官以后看他所举荐的人，在他富裕的时候看他所施与别人的东西多少，在他窘困的时候看他所作所为，在他贫穷的时候看他索取是否正当，通过这一列观察然后才能知道他贤能与否。这样做是通过考验知人，不是仅仅凭眼睛看。所以知道一个人的本质，还不足以知道他所采用的方略。况且天下之人，不能够全部与他们交往相处。有的人志趣改变，随事物的变化而变化。有的人志向还没达到就因欲望的诱惑而改变，有的人已经达到了志向却又发生了改变，有的人处于穷困贫贱却努力行动，有的人得志后却纵欲而为。这又是考察人才顾及情况的变化而发生的失误。由此论之，考察人物既要知道他的性情，又要考查他的变化，两方面都做到，这就是难以知人的困难。

何谓无由得效之难？上材已莫知①，或所识者在幼贱之中②，未达而丧③。或所识者未拔而先没④。或曲高和寡，唱不见赞⑤。或身卑力微，言不见亮⑥。或器非时好⑦，不见信贵。或不在其位，无由得拔。或在其位，以有所屈迫⑧。是以良材识真⑨，万不一遇也。须识真在位⑩，识百不一有也。以位势值可荐致之⑪，宜十不一合也⑫。或明足识真，有所妨夺⑬，不欲贡荐⑭。或好贡荐，而不能识真。是故知与不知，相与纷乱于总猥之中⑮。实知者，患于不得达效。不知者，亦自以为未识。所谓无由得效之难也。故曰知人之效，有二难。

【注释】

①上材已莫知：刘昺在解释这句话时说："已难识知。"

②幼贱之中：指还没进身显达的时候。刘昺在解释这句话时说："未及进达。"

③达：进达。

④没：通"殁"，死亡。

⑤唱不见赞：所唱不被别人赞赏。

⑥亮：相信，信任。《尚书·周官》："寅亮天地，弼予一人。"孔安国传："敬信天地之教，以辅我一人之治。"

⑦器非时好：才干不是当权者所喜欢的。刘昺在解释这句话时引用汉代的例子说："窦后方好黄老，儒者何由见进？"

⑧屈迫：受压抑迫害。

⑨良材识真：良才遇到真正的赏识者。刘昺在解释这句话时说："才能虽良，当遇知己。"

⑩须识真在位：等到赏识良才的人在位具有权力。

⑪以位势值可荐致之：因为举荐者在位有权又正在寻找人才。

⑫宜十不一合：大概十个人里碰不到一个。

⑬妨夺：因遇到妨碍而被迫改变。刘昺在解释这句话时说："虽识辨贤愚，而屈于方多，故又不欲。"

⑭贡荐：荐举。汉代地方向朝廷推荐人才曰贡。

⑮总猥：聚合在一起。

【译文】

什么叫"无由得效之难"？上等人才已经很难辨识，有的已经识别出来的人才在幼贱时，还没进身显达就丧失了生命。有的已经识别出来的人才还没等到提拔任用就先辞世了。有的曲高和寡，所唱不被别人赞赏。有的位卑力小，所言不被信任。有的所具才干不被当权者所喜欢，不能够被信任重视。有的识才者不在其位，没有提拔人才的权力。有的识才者在其位，但受到压抑迫害。所以良才遇到真正的赏识者，一万个人里也遇不到一个。等到赏识良才的人在位具有权力，一百个人里也不见得有一个。识才者在位有权又正在寻找人才，大概十个人里碰不到一个。有的英明足以辨识真才，但因遇到妨碍而被迫改变，不想举荐人才。有的喜欢举荐人才，但不能识别真正的人才。所以能够识别人才和不能够识别人才，相互交错纷杂地混在一起。真正能够认识人才的人，有不在其位不能够取得识别任用人才效果的忧患。不能够真正识别人才的人，虽然身在其位但却不能识别任用人才。这就是所说的"无由得效之难"。所以说认识人才并取得效果，有两个难点。

释争第十二

　　本章列举了君子与小人的两种为人处世的态度，指出了君子"不争"所带来的益处和小人"争竞"所带来的害处。然而君子的不争不是无所作为无所追求，而是通过谦让，达到以屈求伸、以让胜敌、转祸为福、屈敌为友的目的，阐述了"不争者，争之也。让敌者，胜之也。下众者，上之也"的辩证关系。

盖善以不伐为大，贤以自矜为损。是故舜让于德①，而显义登闻②。汤降不迟③，而圣敬日跻④。郤至上人⑤，而抑下滋甚。王叔好争⑥，而终于出奔。然则卑让降下者，茂进之遂路也。矜奋侵陵者，毁塞之险途也。是以君子举不敢越仪准⑦，志不敢凌轨等，内勤己以自济⑧，外谦让以敬惧⑨。是以怨难不在于身，而荣福通于长久也。彼小人则不然。矜功伐能，好以陵人，是以在前者人害之，有功者人毁之，毁败者人幸之⑩。是故并辔争先⑪，而不能相夺⑫。两顿俱折⑬，而为后者所趋。由是论之，争让之途，其别明矣。

【注释】

①舜：传说中的上古帝王，姚姓，名重华，号有虞氏，又称虞舜。因品德高尚，被推为尧帝的继承人。但舜自认为德才不够，让位于尧的儿子丹朱。然而诸侯朝觐者不到丹朱而到舜处，狱讼者不往丹朱而往舜处，讴歌者不歌颂丹朱而歌颂舜。舜认为这是天意，才继尧位为帝

②显义登闻：所发扬的正义上达于天。

③汤降不迟：商汤王受天命应期而降。

④圣敬日跻：他的圣明使他得到的尊敬与日俱增。

⑤郤（xì）至：也做郗至，春秋时晋国大夫。在晋楚鄢陵之战中有功。后居功自傲，生活奢侈，招致怨恨，最后被杀。事见《史记·晋世家》。

⑥王叔：春秋时周王室卿士王叔陈生。因自己的地位在伯舆之下，非常气愤，弃官出走，最后到了晋国。事见《春秋左传》。

⑦仪准：礼法规矩。

⑧内勤已以自济：独处时自我修养自我完善。内，指独处时。刘昺在解释这句话时说："独处不敢为非。"

⑨外谦让以敬惧：在外用敬惧的态度谦让别人。刘昺在解释这句话时说："出门如见大宾。"

⑩幸：幸灾乐祸。

⑪并辔：并驾齐驱。

⑫相夺：压倒胜过对方。夺，压倒，胜过。汉班婕妤《怨歌行》："常恐秋节至，凉风夺炎热。"

⑬两顿俱折：双方都受到了困顿挫败。刘昺在解释这句话时说："中道而毙，后者乘之，譬兔殛犬疲，而田父收其功。"

【译文】

具有美好善良品性的人以不自我夸耀为最崇高，怀有贤良美德的人认为骄傲自满招致损害。所以虞舜谦让于有德才的人，他所发扬的正义闻达于上天。商汤受天命应期而降，他的圣明使他得到的尊敬与日俱增。郄至地位高高在上，而他对下边人的压抑却更加厉害。王叔喜欢争竞，而终于出奔他国。这说明降低自己谦让别人，是事业昌盛不断进取的成功道路。骄傲矜夸恃强凌物，是毁坏声誉堵塞前途的危险之路。所以君子的行为不敢超越礼法规矩，立志不敢超越正常的轨道，独处时追求自我修养自我完善，在外时用敬惧的态度谦让别人。因此怨恨责难就不会招惹到身上，荣耀和幸福就会长久存在。那些小人则不是这样。他们因功而骄傲以能而自夸，喜欢以此凌驾别人之上，所以当处在前面的时候就有人陷害他，立功的时候就有人诋毁他，遭到毁败时就有人幸灾乐祸。所以当小人们并驾齐驱争先恐后时，彼此都不能压倒或战胜对方。当双方都受到了挫败时，后面的人就会乘虚赶上来。由此论之，争夺和谦让这两条道路，差别是很明显的。

然好胜之人，犹谓不然。以在前为速锐，以处后为留滞，以下众为卑屈①，以蹑等为异杰②，以让敌为回辱③，以陵上为高厉④。是故抗奋遂往⑤，不能自反也⑥。夫以抗遇贤，必见逊下⑦。以抗遇暴，必构敌难⑧。敌难既构，则是非之理必溷而难明。溷而难明，则其与自毁何以异哉！且人之毁己，皆发怨憾而变生譻也⑨。必依托于事，饰成端末⑩。其余听者虽不尽信，犹半以为然也。己之校报⑪，亦又如之。终其所归，亦各有半，信著于远近也。然则交气疾争者，为易口而自毁也⑫。并辞竞说者⑬，为贷手以自殴⑭。为惑缪岂不甚哉！然原其所由，岂有躬自厚责，以致变讼者乎？皆由内恕不足，外望不已⑮。或怨彼轻我，或疾彼胜己。夫我薄而彼轻之，则由我曲而彼直也⑯。我贤而彼不知，则见轻非我咎也。若彼贤而处我前，则我德之未至也。若德钧而彼先我，则我德之近次也⑰。夫何怨哉！

且两贤未别，则能让者为隽矣。争隽未别⑱，则用力者为愈矣⑲。是故蔺相如以回车决胜于廉颇⑳，寇恂以不斗取贤于贾复㉑。物势之反㉒，乃君子所谓道也。是故君子知屈之可以为伸，故含辱而不辞。知卑让之可以胜敌，故下之而不疑㉓。及其终极，乃转祸而为福，屈雠而为友㉔。使怨雠不延于后嗣，而美名宣于无穷。君子之道，岂不裕乎㉕！且君子能受纤微之小嫌，故无变斗之大讼。小人不能忍小忿之故，终有赫赫之败辱㉖。怨在微而下之，犹可以为谦德也。变在萌而争之㉗，则祸成而不救矣。是故陈馀以张耳之变㉘，卒受离身之害㉙；彭宠以朱浮之郄㉚，终有覆亡之祸。祸福之机，可不慎哉！

【注释】

①下众：处在众人之下。

②蹑等：胜过同等人。蹑，超越，胜过。《晋书·陆机陆云传论》："其词深而雅，其义博而显，故足远超枚马，高蹑王刘，百代文宗，一人而已。"

③回辱：避让屈辱。

④高厉：崇高，高超。

⑤抗奋遂往：不顾一切地重复以往的错误。抗奋，即亢奋，极度兴奋不顾一切。遂往，谓以往的错误。晋葛洪《抱朴子·交际》："风成俗习，莫不逐末流，遁遂往，可慨者也。"

⑥自反：自觉返回。

⑦必见逊下：必然得到谦让。

⑧必构敌难：必然造成敌对非难。

⑨变生衅（xìn）：变故的征兆发生出现。

⑩必依托于事，饰成端末：必然会用一件事作为借口，把毁谤的实质掩饰起来。刘昺在解释这句话时说："凡相毁谤，比因事类而饰成之。"

⑪校报：回报，报复。

⑫易口而自毁：改换用对方的嘴来自我毁谤。刘昺在解释这句话时说："己说人之瑕，人亦说己之秽，虽訾人，自取其訾也。"

⑬并辞竞说：同时用语言互相争竞。

⑭贷手以自殴：借别人的手来打自己。刘昺在解释这句话时说："词忿则力争，己既殴人，人亦殴己，此其为借手以自殴。"

⑮外望不已：对外埋怨他人不停。

⑯我曲而彼直：这里的意思是我理亏而对方理直，应当受到对方的轻视。刘昺在解释这句话时说："曲而见轻，固其宜也。"

⑰近次：接近略低。

⑱别：差别。

⑲愈：劣，坏。

⑳蔺相如：战国时赵国人，初为赵国宦者令缪贤舍人，后由缪贤推荐给赵惠文王。秦王得知赵国有和氏璧，假称愿以十五城换之。蔺相如奉命带着玉璧入秦，与秦王斗智斗勇，戳穿秦国阴谋，乃完璧归赵，因

功被拜为上大夫。惠文王二十年，秦王、赵王渑池相会，秦王让赵惠文王为之鼓瑟，以侮辱之。蔺相如强令秦王为赵王击缶，对秦王进行回击，维护了赵国的尊严。因功高被拜为上卿，位在廉颇之上。廉颇不服，欲侮辱蔺相如，但蔺相如以国家利益为重，多次退让，终于感动了廉颇，乃亲自到蔺相如处负荆请罪。廉颇：战国时赵将，以勇猛善战闻名。赵惠文王十六年，率军伐齐，大破齐军，因功被拜为上将。赵孝成王十五年，与乐乘率军大破燕军，迫使燕割五城请和。以功封信平君，为假相国。后因与乐乘不和，奔魏居于大梁。赵国因屡遭秦国逼迫，欲任用廉颇，但因仇者郭开的诋毁，赵王相信廉颇老矣，不再任用。后廉颇入楚，卒于寿春。

㉑寇恂：东汉初上谷昌平（今北京昌平东南）人，字子翼。初任郡功曹，新莽败亡后，劝太守耿况归顺刘秀，被拜为偏将军。后任河内太守，行大将军事，保障后勤甚是得力，击破更始军立有战功，后转任颍川太守，封雍奴侯。历任汝南太守、执金吾。为东汉初二十八功臣之一。贾复：东汉初南阳冠军（今河南邓州西北）人，字君文。新莽末聚众起兵，自号将军，后归附更始政权，又随从刘秀，战功卓著。刘秀称帝后，拜执金吾，封冠军侯。后迁左将军，定封胶东侯。知光武帝不欲功臣拥众于京师，便削除甲兵，敦崇儒学，以此深受赏识。为东汉初二十八功臣之一。当初贾复在汝南的时候，

他的部将杀人，被汝南太守寇恂依法处置。贾复深以为耻，说过颍川的时候一定要报复寇恂。寇恂知道后，以天下未定，应以大局为重，巧施妙计，避免了与贾复的直接冲突。事见《后汉书·寇恂传》。

㉒物势之反：指表面上与实质上效果相反的行动。刘昺在解释这句话时说："龙蛇之蛰以存身，尺蠖之屈以求伸，虫微物耳，尚知蟠屈，况于人乎！"

㉓下之：处于他的下面，甘拜下风。

㉔屈雠（chóu）：使仇敌屈服。

㉕裕：宽大，宽容。《周易·系辞下》："益，德之裕也。"韩康伯注："能益物者，其德宽大也。"

㉖赫赫：显赫盛大。

㉗变在萌而争之：福祸变化还在萌芽时进行争竞。

㉘陈馀：战国末魏国大梁（今河南开封西北）人，与张耳为刎颈之交。秦末参加反秦起义，与武臣、张耳等人北略赵地，并拥立武臣为王。后与张耳关系破裂。项羽分封时，因觉得分封不公，愤而依附田荣，赶走常山王张耳，迎赵歇为王。汉高帝三年（前204），张耳、韩信破赵，陈馀被杀。张耳：战国末魏国大梁（今河南开封西北）人，少时为信陵君门客，与陈馀俱为当时名士。秦灭魏以后，因受到朝廷的悬赏缉拿，与陈馀改名换姓逃至陈。秦末参加反秦起义，劝陈胜立六国之后，未被采纳。后又请兵略赵地，立武臣为赵王。巨鹿之战后，与陈馀关系恶化。项羽分封诸侯，张耳被封为常山王。

后受到陈馀袭击，投奔刘邦，随韩信破赵，后被刘邦立为赵王。

㉙卒受离身之害：终于遭受自身败亡后代灭绝的灾祸。卒，终于。离身，自身败亡后代灭绝。

㉚彭宠：西汉末南阳宛（今河南南阳）人，字伯通。少为郡吏，更始政权建立后任偏将军，行渔阳太守事。后归附刘秀，封建忠侯，赐号大将军。为刘秀势力的扩张立有大功，因功高赏薄，心怀不满，又与幽州牧朱浮不和，于建武二年（26）发兵反，自立为燕王，后被杀。朱浮：东汉初沛国萧（今安徽萧县西北）人，字叔元。新莽末年，随刘秀起兵，破王郎，拜为大将军、幽州牧，封武阳侯。与渔阳太守彭宠关系恶化，被彭宠打败。光武帝爱其才，任为执金吾，徙封父城侯。以后历任太仆、大司空等职。后因卖弄国恩被免官。因好陵折同僚，明帝永平中被赐死。郄：通"隙"，嫌隙。

【译文】

然而争强好胜之人，却说不是这样。他们认为处在众人之前是迅捷锐利，认为处在众人之后是停留滞后，认为处在众人之下是卑微屈服，认为超过同等人是异才英杰，认为谦让对手是避让屈辱，认为凌驾人上是崇高超绝。所以他们不顾一切地重复以往的错误，不能从错误中自觉返回。用对抗的态度对待贤者，必然得到谦让。抱对抗的态度对待急暴之人，必然造成敌对非难。敌对非难已经造成，则是非的道理必然混沌难以辨明。是非的道理混沌难以辨明，则与自己诋毁自己有什么不同！别人诋毁自己，全都因怨恨之气爆发而变故征兆发生出现。诋毁之人必然会用一件事作为借口，把毁谤的实质掩饰起来。其余的旁听之人虽然不全部相信他们所说的借口，还是有一半相信认为是对的。自己对诋毁者的回击报复，也像诋毁者那样。归根到底，都有一半可信，远近之人所看所听都信以为然。这就是说气愤相交激烈争斗，是改换用对方的嘴来自我毁谤。同时用语言互相争斗，是借别人的手来打自己。这种行为不是太荒谬使人不解了吗！然而追究其所发生的原因，难道深切责备自身的错误，能够引起这种变故争讼吗？全都是由于在内宽恕之心不足，对外埋怨他人不停所造成的。或者是由于怨恨对方轻视自己，或者是痛恨对方胜过自己。自己浅薄而对方轻视自己，这是我理亏而对方理直。如果我贤能而对方不知道，则被轻视就不是自己的过错了。如果对方贤能而位置处在自己前面，则是因为自己的德行还没达到。如果德行相当而对方在我前面，则是因为自己的德行与他接近略低。这样有什么可怨恨的呢！而且两个人的贤能没有差别，那么能谦让的就是杰出的人才。两个人争抢杰出而不分上下，那么争抢用力大的为劣等。所以蔺相如因为回车躲避廉颇的羞辱而胜出一筹，寇恂因为避免与贾复争斗而获得贤名。行动的结果在表面上与实质上截然相反，这就是君子所说的道理。所以君子知道弯曲可以达到伸展的目的，所以忍含屈辱而不推辞。他们知道卑辞谦让可以胜过对手，所以毫不迟疑地选择处在下边的位置。然而等到最终的结果，乃是转祸为福，使仇人屈服化为朋友。使怨恨仇视不延及到后代，而谦让的美名却永远地流传下去。君子所说的道理，难道不是宽容吗！而且君子能忍受小小的嫌隙，所以没有变成大斗的讼争。小人不能忍受小小的愤怒，最终招致大大的失败屈辱。对方怨恨很小的时候甘拜下风，还可以实践谦逊的美德。福祸变化还在萌芽时就进行争竞，就会酿成无法挽救的大祸。所以陈馀因为与张耳关系的变糟，最终遭受自身败亡后代灭绝的灾祸；彭宠因为与朱浮的矛盾，最终落得被杀的下场。认识福祸转化发生的缘由，能够对此不谨慎吗！

是故君子之求胜也，以推让为利锐，以自修为棚橹^①，静则闭嘿泯之玄门^②，动则由恭顺之通路^③。是以战胜而争不形^④，敌服而怨不构。若然者悔吝不存于声色^⑤，夫何显争之有哉！彼显争者，必自以为贤人，而人以为险诐者^⑥。实无险德，则无可毁之义。若信有险德，又何可与讼乎！险而与之讼，是桿虮而攖虎^⑦，其可乎？怒而害人，亦必矣。《易》曰："险而违者讼，讼必有众起^⑧。"《老子》曰："夫惟不争，故天下莫能与之争。"是故君子以争途之不可由也。

【注释】

① 棚：棚阁，即敌楼。《资治通鉴·唐肃宗至德二年》："贼又以钩车钩城上棚阁。"胡三省注："棚阁者，于城上架木为棚，跳出城外四五尺许，上有屋宇以蔽

风雨。战士居之，以临御外敌。今人谓之敌楼。"

橹：很大的盾牌。棚橹即防御武器。

②嘿（mò）泯之玄门：寂静沉默清静无为的大门。刘昺在解释这句话时说："时可以静，则重闭而玄嘿；时可以动，则履正而后进。"

③由：遵从。

④争不形：不形成争竞。刘昺在解释这句话时说："动静得节，故胜无与争；争不以力，故胜功建耳。"

⑤悔吝：悔恨。《后汉书·马援传》："出征交趾，土多瘴气，援与妻子生诀，无悔吝之心。"

⑥险诐（bì）：阴险邪僻。《诗经·周南·卷耳序》："内有进贤之志，而无险诐私谒之心。"孔颖达疏："险诐者，情实不正、誉恶为善之辞也。"

⑦柙兕（sì）：把犀牛关进笼子。撄虎：迫近老虎。撄，迫近。《孟子·尽心下》："有众逐虎，虎负嵎，莫之敢撄。"

⑧险而违者讼，讼必有众起：刘昺在解释这句话时说："言险而行违，必起众而成讼矣。"《周易·谦》："饮食必有讼，讼必有众起。"这句话与《周易》原话有异。

【译文】

所以君子求胜的方法，是把推辞谦让作为利刃锐器，把自我修养作为防御的武器，静时则关闭寂静沉默清静无为的大门，动时则遵从恭敬顺从的通衢大路。所以他会取胜而不形成争竞，对手屈服而构不成怨恨。如果是这样就会脸上连悔恨之色都没有，怎么会发生公开的争竞呢！那些公开与人争竞的人，必然是自以为贤能，而别人却认为是阴险邪僻的人。如果他确实没有阴险邪僻的品德，则没有可诋毁的地方。如果确实有阴险邪僻的品德，又何必与他争论呢！明明是阴险邪僻的人却与他争论，就好像把犀牛关进笼中和迫近被逼到绝路上的老虎一样，这怎么可以呢？如果这样，他们就会怒而害人，这是必然的。《周易》说："言论险恶行动违背常规，必然引起众人起来和他争论。"《老子》说："正是因为不和别人争，所以天下没有人能够与之争。"所以君子认为争竞之路不可行啊。

是以越俗乘高①，独行于三等之上②。何谓三等？大无功而自矜，一等。有功而伐之，二等。功大而不伐，三等。愚而好胜，一等。贤而尚人，二等。贤而能让，三等。缓己急人③，一等。急己急人，二等。急己宽人，三等。凡此数者④，皆道之奇⑤，物之变也。三变而后得之，故人莫能及也。夫惟知道通变者⑥，然后能处之。是故孟之反以不伐⑦，获圣人之誉。管叔以辞赏⑧，受嘉重之赐⑨。夫岂诡遇以求之哉⑩？乃纯德自然之所合也。彼君子知自损之为益，故功一而美二⑪。小人不知自益之为损，故一伐而并失。由此论之，则不伐者，伐之也。不争者，争之也。让敌者，胜之也。下众者，上之也。君子诚能睹争途之名险，独乘高于玄路⑫，则光晖焕而日新⑬，德声伦于古人矣⑭。

【注释】

①越俗乘高：超越世俗登至高处。

②独行：不随世俗沉浮。

③缓己急人：对己宽松对人严格。

④凡此数者：所有这几等。

⑤道之奇：争和让道理的特殊表现。

⑥知道通变：知道道理通晓变化。

⑦孟之反：春秋时鲁国大夫，名侧，字反。鲁哀公十一年，鲁军与齐军战，大败，孟侧在败退时走在最后。走到城门时，受到人们赞扬。他却用鞭子打着马说："非敢后也，马不进也。"事见《论语·雍也》何晏《集解》。

⑧管叔：西周初人，又称叔鲜，周初三监之一，周文王之子，武王之弟。武王灭商后被封于管（今河南郑州），监视武庚及殷遗民。周成王时因不满周公摄政，与武庚起兵作乱，兵败被杀。管叔并无辞赏受嘉奖之事，此处管叔疑为三国时的管宁。见《三国志·魏书·管宁传》及裴松之注。

⑨嘉重：重重嘉奖。

⑩诡遇以求：用不正当的手段去求取。刘昺在解释这句话时说："岂故不伐辞赏，诡情求名耶？"

⑪功一而美二：一件事而收到两种好结果。刘昺在解释这句话时说："自损而行成名立。"功，事情，事业。《诗经·豳风·七月》："嗟我农夫，我稼既同，上入执宫功。"朱熹《集传》："功，葺治之事。"

⑫玄路：脱离世俗玄远高妙的境界。

⑬焕：放射光芒。

⑭伦：类，同。

【译文】

所以要超越世俗登至高处，不随世俗沉浮处在三等之上。什么是三等？没有大功却自高自大，一等。有功却自我夸耀，二等。立有大功却不自夸，三等。愚钝却争强好胜，一等。贤能又能推崇别人，二等。贤能又能谦让别人，三等。对己宽松对人严格，一等。对自己和别人都严格，二等。对自己严格对别人宽松，三等。所有这几等，都是争和让道理的具体表现，从而使事物结果变化。经过三等变化之后而掌握了这个道理，所以没有人能够赶得上。只有知道道理通晓变化，才能够处在上等的位置。所以孟之反因为不自夸，受到孔子的称赞。管叔因为推辞赏赐，受到重重的嘉奖。怎么能说这些是用不正当的手段去求取名利呢？这是纯正的道德在内部自然而发又与争让变化的道理吻合啊。君子知道自我贬损是有益的，所以能做一件事而收到两种好结果。小人不知道自满会招致损失，所以一个自我夸耀而失去双倍的东西。由此而论，不自夸，却受到夸赞。不争名夺利，却收到争的效果。谦让对手，却能够战胜他。处在众人之下，最终却在众人之上。君子如果真能看到争竞的道路凶险，独自登高在脱离世俗玄远高妙的坦途行进，就会光芒四射日新月异，品德和名声等同于古代的贤人。